GENKYO 横尾忠則 I　A Visual Story　　原郷から幻境へ、そして現況は？

横尾忠則近影(角南範子撮影、2020年)

GENKYO
横尾忠則
I
A
Visual
Story

原郷から幻境へ、
そして現況は？

監修
南雄介・藤井亜紀

国書刊行会

目次

原郷から幻境へ、そして現況は？　南雄介　006

「裕福なお金持ちの家の美人の飼い猫に生まれ変わりたいね」
横尾忠則インタヴュー　008

横尾忠則：A Visual Story　020

第1章　1936—1960　原郷から
コブナ少年が芸術に生きることを決意するまで　022

誕生　受胎された霊感
戦争と戦後　少年時代
織物祭　西脇時代
デザイナー誕生　神戸時代

第2章　1960—1981　越境
アートとデザインを往還しながら　038

デザインセンターの銀座
アングラの新宿
ピンクガールズ
貴場　プロセスの提示
無作法な娘たち
三島由紀夫　終りの美学
ポップコーンの心霊術——横尾忠則というメディア（三島由紀夫）
アンリ・ウッソー・ヨコオ
活動の広がり　横尾忠則というメディア
ニューヨークとインド
ワンダーランド　楽園を索めて

第3章　1981—2000　幻境
森羅万象の画家　076

いわゆる画家宣言　画家の誕生
森・肉体・神話
切り裂かれたカンヴァス
滝　それは夢の中からやってきた
今ハ昔
彼岸へ　懐かしい死者たち
赤の魔宮

第4章　2000—現在　現況
Y字路の彼方に原郷を訪ねる　104

原郷の森
謎の女
肖像図鑑
Y字路の彼方へ　新たなる冒険
反復と変奏
Y字路

横尾忠則　ブックガイド　148
横尾忠則　略歴　153
パブリック・コレクション　Public Collection　155
掲載作品一覧　List of Works　157

原郷から幻境へ、そして現況は？

南雄介

「原郷」の語は、言語学においては語族の発祥地を意味しており、ドイツ語のUrheimat、英語のhomelandの訳語とされる。横尾忠則は、当初、この語を自らの造語であると述べていたが、言語学の専門用語の存在を認識していなかったためと思われる。だが、翻って想像するとそれは、横尾が「故郷」よりもさらに遡った地を指す新しい言葉が必要であると考えたからに違いない。われわれがこの世に生を享けた地よりも、さらに遡行される場所が、「原郷」である。横尾によればそれは、すべての人間の魂のふるさと、魂の出所であり、宇宙であり、霊界であり、そして前世である。すべての人間は「原郷」からこの世界に産み落とされ、生を終えたのちは再び「原郷」に戻って行く。われわれは、意識の奥底にこの「原郷」の記憶を、本来は宿しているのかもしれない。横尾が「原郷」の語を使い始めるのは2019年のことだが、このような魂のふるさとについてのヴィジョンを以前から抱いていたことは、たとえば満天の星空を背後に、陰門を潜り抜けて小児が出現するさまを描いた《星の子》(25頁) のような作品を見れば明らかであるように思われる。

愛知県美術館、東京都現代美術館、大分県立美術館の全国3会場で開催される「GENKYO 横尾忠則」展は、横尾の作品のなかに、様々な意味において自分自身をテーマにしたものや、自身の作品を引用したり変奏したりしたものが多いことに着目し、作品を通じてその生涯の物語を紡ぐことを目指して企画された展覧会である。横尾が常に「私」、つまり自分自身に深い関心をいだき続けてきたことは、アーティストとして見た横尾の処女作といってもいいポスター作品《TADANORI YOKOO》(45頁) が縊死した自分を表現した自画像であったことをはじめ、数多くの作品や著作から、また日記が大量に公刊されていることなどからも明らかであろう。だが、それはけっして個人史や原風景、個的な記憶などに限定されるものではない。むしろ、自分は何であるのか、自分＝私というものがどのように成立しているのか、なぜ私というものがあ

るのかなどといった、きわめて哲学的な問いを根底に蔵しているがゆえにこそ、横尾の作品はこうした相のもとに展開されてきたのではないか。それゆえ、「私」についての語りを導きの糸とすることは、横尾の芸術や表現を考える上で、本質的な問題設定であるということができるだろう。そして、そのために「原郷」の概念に注目したのは、ある意味で当然であった。なぜなら原郷とは、「私」が宿るこころであり、「私」の起源であり、「私」が還って行くこころでもあるからだ。

一方の「幻境」は、横尾自身の言葉からとったものではなく、横尾作品に描き出される森羅万象に及ぶ奔放華麗なイメージの世界を念頭に置きながら、一種の語呂合わせとして本展企画者が案出した言葉である。とはいえこの語も、じつは仏教用語として存在していることが後にわかったのだが、「あたかも実在するように見えるまぼろしの境界 (きょうがい)。また、そのような対象世界」(『日本国語大辞典』) を意味するという。この「幻境」もまた、夢と現とを問わず、あらゆるものを、いわば筆先三寸でカンヴァスの上に召喚し、目の前に現出させてきた、横尾の絵画を形容する語として、ふさわしいと言えるかもしれない。「原郷から幻境へ」という展覧会の副題は、原郷から現世へと産み落とされ、成長してのち、表現の世界を開拓していく横尾の歩みと重ね合わせて、原郷への思いを糧にして幻境を現出させて行く横尾の芸術創造のメカニズムを、示そうとしたものである。

では、「現況は？」横尾忠則の現況、それは、展覧会の準備期間中に最も大きく変わっていった部分ではないかと思う。日本では2020年2月末頃から顕在化した、新型コロナウィルス感染症の流行拡大が、それには大きく関わっている。じつのところ、このコロナ危機を契機として、横尾の制作のペースは目に見えて上がっているように思われる。来客が極端に減ったアトリエには大作が何点も並び、2020年5月から「WITH CORONA」と題して、自作の数々や自身の写真、報道写真などのイメージに、横尾のイラストレーションからとった口を描いたマスクをコラージュした「マスク・アート」を、毎日数点ずつTwitterで発信し始め、すでに数百点におよんでいる。

横尾はこれまで、およそ10年ごと、西暦の末尾に0がつく年のあたりに、大ケガや病気で入院することに、作品のスタイルや主題を大きく変化させてきた。画家は肉体であり、肉体が絵を描くのだという横尾の持論を裏書きするエピソードであるが、2020年においては、人類全体の危機であるコロナ禍に対して、横尾の画家の肉体が、新たな発現を求めているのかもしれない。続く10年に、横尾はどのような世界を、われわれに見せてくれることになるのだろうか。

「裕福なお金持ちの家の美人の飼い猫に生まれ変わりたいね」 横尾忠則インタヴュー

横尾忠則の日常

Q：最初に毎日の日課についてお尋ねします。朝は何時頃に起床しますか？

Y：最近の話でいいですね。今日なんかは、5時から6時。早いです。
5時か6時に目を覚まして、眠った時間を計算して、6時間寝てれば、もう起きる。ときにはテレビを見たり、本を読んだり。

Q：朝食には何を食べますか？

Y：朝食の内容は、パン、トースト。トーストに栗としてることも多くて。これも仕事の一つですけどのジャム。お米で作ったジャム。ピーナッツバター。とにかく、ここ（アトリエ）は大気圏外の母船でね。それを塗って食べます。それと、野菜ジュースか果物ジュース、それとは別に季節の果物。今はリンゴ、リンゴのすったやつとか、柿です。あとはヨーグルトに、蜂蜜かオリーヴオイルを入れます。お茶は、ショウガ茶、昆布茶、インドのチャイをローテーションで。

で、ちょっと休んで、9時ぐらいにもうここ（アトリエ）へ来る。
事務所の連中が出勤するのは10時です。彼らはまだ若いから、時間がたっぷりあるけれども、ぼくなんかの年齢には時間がないから、スタッフよりも早く、盆も正月も、ここ10数年は、大晦日も元旦も必ずここへ来ます。与えられた時間が少ないから。
仕事するとは限らないですが、無為な状態でボヤッ

す（笑）。

Q：毎日アトリエに来ることのほかに、何かしていることや、毎日のルーティーンというのはありますか？

Y：絵を描いてないときも、漠然と絵のことは考えてないときには。漠然とですが。描いてないときには、アトリエのソファーで何かごそごそ、メールの返事を書いたり、メールを出したりすること、メールみたいにしていますね。気になることは、とにかく片っ端から具体化して、ストレスにならないようにしています。

時々、思い出したように、大昔に覚えた導引術り、日課みたいにしています。1ヶ月、2ヶ月は続きますにとかく片っ端から具体化して、ストレスにならないようにしています。

Y：時々、思い出したように、大昔に覚えた導引術をやる場合があります。1ヶ月、2ヶ月は続きますにが、体調が回復すると、もうやめる。

Q：絵を描くのは、毎日のことでしょうか？

Y：いや、描かない。毎日は描かないけど、絵に囲まれている生活です。ぼくから語りかけることもあるけれども、絵も無言のうちに、何か語りかけてきますからね。どの絵も終わっていないから、思い出したように筆を入れる場合もあるし、そのまま放置しちゃおうということもあるし、いろいろですね。描き続けてはいないけれども、頭の中では描いているのかもしれないね。

Q：毎日とにかくここに来て、絵を眺めているんですね？

Y：眺めるっていうより絵から眺められていて、妙な圧迫感もあるし、圧迫感もあるし、親和性もあるし。そういう状態に、自分を常に置いておくっていうことが大事なのかなあ。絵に囲まれて、絵を呼吸して、そういうとかな。

Q：絵を描いていないときは何をしていますか？

Y：家では水晶。かなり大きな水晶。瀬戸内（寂聴）さんにもらったんだけど、相当高価なもんだと思う。旅行に行くときは、今年はどこにも行きませんが、通販で買った大きな枕を持って新幹線に乗ってた（笑）。

Q：好きな感触は何かありますか？

Y：猫の背中をすーっと。特に死んだタマの背中をなでた感触が手に残ってるから、あの感触ですね、好きな感触は。

Q：好きな香りは何かありますか？

Y：これはね、このあたりのどこかの通りなんですけど、そこをすーっと通ったときに、ふわーっと、ドロップの匂いのする花の匂いだと思うんだけど、その匂いは好きな匂いで、ときどきその匂いを嗅ぎに行く

Q：常に身辺においているもの、あってほしいものは何かありますか？

んですよ。ところがそこは、何もない、木も植わってるわけじゃない、だけどそこを通るときにふわーっとくるわけ。それでもう一回嗅ぎたいと思って、自転車でもう一回バックして、それで元のとこからまたそこへ行く。そしたらまたふわーっとする。木はなかったね。それが加減なもんですよ。ドロップの匂いなんです。もう3、4年続いてます。どこからくる匂いですかね。

作品と制作

Q：作品のアイディアは、どこで浮かぶことが多いですか？

Y：これは一概には言えないですね。言えないけれども、時々古本屋さんに行くと、過去の歴史的な本がいっぱいあるから、そういうふだん家では見ない古い歴史的な画集とか、歴史の中に自分が入り込んで、見ているうちに、その絵から受けるインスピレーションがあるんですよね。色彩からとか、かたちとか、アイディアとか。だから、古本屋さんに行くと必ずしもその本を買う場合もあります。

そんなことをしなくたって、家にも本はいっぱいあっているというのは、何か人類に共通した、色についてもどうも家の本は、そういう意味での新しいインスピレーションを受けるような鮮度はないですね。古本屋さんの方がいい。

Q：絵を描き始めたときに、完成は見えているんですか？

いや、横尾さんの絵はいつも未完なんでしたよね。

Y：完成？ 全くゼロです。描き始めだって、いいかげんなもんですよ。描きながらどんどん、手がアイディアを生むんです、頭っていうより。思わぬ筆の走りによって、何か不思議な導かれ方をしますね。だからとにかく筆を持って描くっていうこと。そうしないと何も浮かばない。描き始めて完成が見えるということは、めったにないですね。だからほとんど未完です。そのうち描くのに飽きて、そこで止めちゃう。プロセスの中での変化を楽しんでるんだろうね。描き上がった結果じゃなくって、プロセスがまず、楽しいっていうことなので、楽しくなければもうやめます。

Q：横尾さんのお家はピンク色で、1966年に「ピンクガールズ」と呼ばれる連作を発表していましたよね。どんなときにピンクを使いますか？

Y：ピンクというのは何でしょうねえ。ロリータ的か、アイディアとか。かわいず一点はできます（笑）。ときにその本を買う場合しれないですね。ピンクというものがロリータ性を持っているというのは、何か人類に共通した、色についてのそういうものがあるんじゃないかな。どんなときにピンク使うかって…。ぼくは、あまりピンクは使わないような気がするけどね。1966年の裸の女の絵はピンクガールって言われているけれど、ピンクよりレッドガールって言ってもいいかもし

Q：絵の中で、女性の腋毛を描くのはなぜですか？

Y：これは、マリナ・ヴラディっていうフランスの女優が、映画で彼女の腋毛がものすごく綺麗だったの。薄いんだけれどもすごく綺麗だったんですよ。それをぼくQ..なにか「技」を一つ授かるとしたら、何がいいの中で、幻覚となっているんです。あとは思春期の女性の肉体への再現しているんです。あとは思春期の女性の肉体への憧れですかね。

表現と表現者

Q：自分の作品に対して、会心の出来だと思ったこととはありますか？

Y：でも、作家というのは、そういう会心の作品を求める人はいるかもわかりませんが、描き上げる頃にはもうそんなものに興味なくなってるからね。自分の作品が、もうどうでもよくなっているので、そんなものんないですね。

Q：変身するのは好きですか？

Y：変身するって、例えば江戸川乱歩の怪人二十面相が変身するという、ああいう変身にはそんなに興味はないですね。作品が変身するということには興味がうか？あります。このあいだテレビで、ありとあらゆる種類の絵を描いても、その人が描いたものだということがわかるような絵を描きたい、と言っているアーティストがいましたが、そんなことをする必要はないです。自然にできるものなんです。それをコンセプトでやろうとしてるんですが、それは、つまらないことです。

なにか「技」を一つ授かるとしたら、何がいいですか？

Y：技か…。何だろうね。宮本武蔵みたいな二刀流があると。

ぼく、いま腱鞘炎で、右手が痛いので、時々左で描くんだけども、左手だとうまくいかないんで、そういうときに両手が同じに描けると、おんなじ絵が2点同チュアルだけど、あんまり頭を使わないで、身体だけでできるといいね。

Q：横尾さんは文章を書くスピードがとても速いとはもう、書くこととしゃべることは一緒ですか？

Y：いい文章を書こうとする人は、いろいろ吟味したりして、時間がかかるけれども、ぼくはそんなにいい文章を書きたいとか、文体を持ちたいとか、そういうのはないから、だから早いんだと思う。

Q：小説の執筆を始めたのは、何がきっかけでしょれないね、赤い女です。

011

Y：ぼくは小説に関しては、「もう一つの仕事」という意識が全然ないんです。やはり趣味なんじゃないかな。何か物をコレクションしたりしているのと同じレベルの趣味だと思いますね。もしそれを職業にしたいんだったら…。池田満寿夫とか赤瀬川原平みたいに、肩書きを小説家・画家ってしてたじゃないですか。あんなことにぼくは全然興味ないから。肩書きを一つ増やして小説家を加えて、小説の仕事をとろうなんて思っていませんからね（笑）。たまたま、頼まれたから書いただけで、どういうふうにそれを、何ていうのかな、展開するとか、続けるとか、そんなことには全く興味がないですね。ただ書きたくなれば書くっていうだけです。

Q：スパイは、嘘をつく時に本当のことを少し混ぜ体化しているわけだから、もうこれは趣味以外の何もるといいます。これまでの答えに本当はどのくらい混じっていますか？

Y：ぼくは、フィクションとノンフィクションってト、いうのは、切り離すものじゃないと思ってるから、フィクションの中にノンフィクション、ノンフィクションの中にフィクション、それをうまく混ぜる、そういう絵を描いているのかな。
そこは一つ嘘をつくんですよね。そのフェイクする本音は、もう本当に趣味ですね。でやっぱり、職人っていうのは、ぼくは、これは創造だと思うんです。なのが一番いい。
それが、インファンテリズムだと思うんですね。子どもが親に嘘をつくみたいなもので。それもわからないようにしないとスパイになれないね。

アーティストと観客

Q：今のご自分は、アーティスト、画家、芸術家のどれだと思いますか？

Y：これはねぇ…。どれも違うね。姿勢としては、職人ですね。子どもの頃から職人は全く興味がないですね。ただ書きたくなれば書くっていうだけです。

Q：それでは、絵を描くことはご自分の職業でしょうか？

Y：いや、職業って偉そうに言いたいけれど、やっぱりこれは趣味ですね。なぜかっていうと、感性を具じゃないでしょ。趣味でお金になるのは申し訳ないけど、やっぱり趣味でしょうね。子どもの頃から、そんな感じですね。子どもの頃はもう、100パーセント、趣味ですからね。ずうっとそれはそのまま、子どもの頃というか、10代に形成されたぼくのシステムは、そのまま今も基本的には変わらないですね。いわゆる職業意識にはなれないんです。それらしい態度をとったり、それらしいことは言いますけれども、でも

Q：デザイナーは職業として、仕事としてやっていたのですか？

Y：デザイナーっていうか、職業って言っていますが、それは真実でしょうか？っていう感じですね。お仕事に対して、アートは、生活よりもう少し深く考えた人生。デザインは人生とはY：（笑）。まあ、デュシャンはそうでしょうね。思わなかったです。あくまでも、やってなんぼのもんや、みたいな感じです。アートに関しては、やっぱりね。見る人、作る人、手伝ってくれる人、買う人、批評する人、いろいろ関わる全てじゃないかなと思います。生き方に直結してるような気がするんです。

Q：画家になって一番よかったと思うのは、どんなQ：100年後の観客に、自分の作品をどのようにところでしょうか？見てほしいですか？

Y：犯罪小説じゃないけれども、何かそういうものY：100年後？こんなもん一切要求しないねを、つまり絵で犯罪的な事を起こしているような気が（笑）。第一、未来っていうのは、不確定なものだかしますね。犯罪的というのか、画面の中にいろんなもら、あんまり考えない。どう見てほしいっていうよのを描き込むのが、全部伏線になっててね、それが、な要求もないです。点が線に繋がって、面になっていくっていう、そうい
う物語的なことが面白いというのか、楽しいというのか、画家になってよかったというのはそう遊べること人生と哲学じゃないかな。だから、ミステリ小説を絵で描いているようなものです。

Q：見る人には、自分の作品の何を、どう見てほしQ：若い頃は、いくつぐらいまで生きると思っていいと思いますか？ましたか？

Y：いや、これは全然、こちら側が要求するものはY：父親が69歳で亡くなりましたから、父親の年齢ないです。どうぞご自由に、っていうことです。それが、自分の寿命くらいかとなんとなく漠然と思っていが、ぼくがコンセプチュアル・アーティストになれなたからね。それを超えてしまったからね。いところだと思いますね。

Q：マルセル・デュシャンは、見る人が芸術を作るQ：あれだけはしておけばよかった、と後悔していY：これは、現実的なことですけど、英語です。英ることはなにかありますか？

語をもうちょっとやってればよかったと思うけれども、そうしたらたぶん、海外を目指しちゃうと思うんらね、ですよ。それは結果としてすごくしんどい生き方になんかね、人間がるかもわかんない。語学ができると、やっぱり海外をわかんないね。あのターゲットにしてしまうという、そういう可能性は出っかり描いてますよね。だから英語が喋れる芸術家は、そういうことで成功した人もいるし、その反対の人もいるかもしれない。そういう意味ではチャンスをたくさん潰かしてますよね。潰してきたけれど、それはそれでもう、それが成り行きだということにしてしまえば、何でもない。そんなことしなくてもよかった。

でもね、英語がペラペラできて、向こうのありとあらさらにその上に識。意識の識がこなきゃいけないんだらゆる著名人と交流したりすると、変な性格になるとけども。自意識が、自我欲が強くなって、成功願望も空というのは「空っぽ」ですよね。その「空っぽ」のすごく強くなると思うので、できなくてよかったとにぼくはすごい魅力を感じます。思う。

Q：朝、目が覚めたら、45歳でした。何をしますか？

Y：45歳…。そうだね、自分の性的能力を試したいね（爆笑）。

Q：なにか怖いものはありますか？

Y：5日前まではコロナが怖かったんですけど、コロナの検査でパスしたから（笑）、一番怖かったコロナがなくなったから（笑）。昔は、死に対する怖いっていう思いが強かったですね。今は、別にそれはもう怖いとも思わなくなった。あんまり身近になったからね。

Q：地水火風の四大元素のうち、どれに惹かれますか？

Y：この四つともに惹かれないです。これに、空というのが加わらないと駄目なんですよ。土火水風空。

Q：生涯で、忘れられない面影はありますか？

Y：タヒチのボラボラ島に行ったときに、毎朝、海岸のコテージで朝食を食べてたんです。その時にタヒチの女性の人といつも一緒だった。ある日その女性が、私はもう今日が最後で、明日パリへ行って、フィアンセが待ってって結婚するっていうんです。それで、ああそうですか、じゃお元気で、と言ってボラボラ島で別れたんです。それからパリ・ビエンナーレがあって。パリ・ビエンナーレが85年で、その人と別れたのが71、72年でしょ。だから、大分時間が経っていますよね。ところが、ぼくがパリで地下鉄に乗っていて、サン・ジェル

マン(・デ・プレ)の駅でぼくが降りたんです。降りた瞬間に入れ違いで乗ってきた人が、そのタヒチで会っていた女性だったのがすぐわかった。それでぼく逆手にとって、全部楽しむんです。そういう現場は、あっと思ったら、向こうも、うわっと思ってびっくりしていて、彼女は電車に乗ってしまったけど、ぼて、くのことを認識したわけ。ぼくも認識して、あぁって言ってたら、彼女はとっさに大きな声で「ボラボラー!」って叫んだ(笑)。だって、短い時間で、それジロしか通じないんだから。「ボラボラー!」って言いながら、ドアが閉まって電車がバーっと、あーって、こうもわーって、その面影は、ものすごい鮮明です。映画のラストシーン以上です。今も目に焼き付いてますね。彼女もそうだと思いますよ。こういうことは人生の中にあんまりないわけですよ。どうでもいいことだけど。だから、たぶんその人も、いろんなところでぼくと会った話をしていると思うわけ。

Q‥ 横尾さんは半世紀以上、いわゆる「有名人」とをしていないんだから、本当に重要なものと重要でないものの区別が自然淘汰されていっているので、楽かして人々の注目を浴び続けています。そのような生活はつらくはないのでしょうか?

Y‥ ぼくは、つらいことはやりたくないような人なんです(笑)。つらいと思ったら、いっさいそのことをしない。だから、つらくないです。この質問に対しては。全くつらくない。

三島由紀夫さんみたいに、スター意識があって、そのスター意識を大衆の面前に晒せること、晒すことによって、そのリアクションを自分で楽しんでるっていうとか、嫌気がさすとか、イヤイヤ絵を描くとか、そう人はまた別ですよ。そういう人はめったにいない。

Q‥ 横尾さんは、しばらく前から難聴で、耳が聞こえづらいと伺っています。難聴になって、何かよかったと思うことはありますか?

Y‥ まあ、いろんなわからないことや聞こえないことは、聞こえないで済ましちゃう。そんなに大した話とは。だんだん面倒くさくなっていくから、どうでもいいなと思いますね。みんな難聴になるとね、うまく自然淘汰できますよ(笑)。

柴田錬三郎さんと一緒にホテル内でボラボラ1年間カンヅメになって仕事をしていたときは、ジロジロ見られるので、柴錬さんは「横尾くん、著名人っしかつらいなってつらいよな」と嬉しそうに言っていた。自意識の面影は、ものすごい、むー題ですかね。

俳優さんた瞬間入れ違いで乗ってきた人が、そういう意味では独特ですね。俳優さんは、そういう意味では独特ですね。三島さんはそれをやっていませんからね。三島さんは、全部楽しむんです。そういう現場は、あっと思ったら、向こうも、うわっと思ってびっくりしていて、彼女は電車に乗ってしまったけど、ぼて、面白かったですよ。

Q‥ 歳をとってよかったと思うことは、何かありますか?

Y‥ …。これは、もっと90歳以上に歳を取らないと。いう、自分から脱落していく感性っていうのがあるん

ですよ。それは、若い頃はないんです。全部取り入れよう取り入れようって、好奇心だけで行くんだけれども、ぼくなんかの年齢になると好奇心がなくなっていくというのか、どうでもよくって描いてるわけ。子どもの絵なんかは、どうでもいいと思うんだ。あり、意欲的になったり、好奇心を燃やしたりすると、あいう感覚で、自分の体が自然にやってくれる年齢ま体を壊すとか、ハンディキャップになるから、夢中にで行くと、それはそれでいいですよね。そういう年齢なることから離れることに夢中になるっていうことがで描いたものを、自分で見てみたいと思うし、でも自大事だと思う。多分それをやっていると思いますね、分で見てみたいっていうのは、これまた見たいってい無意識で。う好奇心なんですね。これさえも放棄しないといけないと思うんです。

今の物の考え方と全く正反対の考え方で、森鷗外マスクをつけるのが日常になっています。マスクをつの「寒山拾得」って小説を書きながら、森鷗外自身が、もう面倒くさくY‥ 仮面の効用ってありますよね、マスクというのの小説を書きながら、森鷗外自身が、もう面倒くさくなっちゃって、お話も途中で切っちゃって、寒山拾得は。かなり仮面の効用になってると思いますね。内気も画面から消しちゃうんですよ。あのいい加減さ、あな人でも、マスクして内気さがなくなって、人と対等の面倒くささ、あれはもう森鷗外がまさに寒山拾得なになっちゃった人もいると思います。ぼくも内気だかんですよ。 らちょうどいい。

Q‥ 新型コロナウィルス感染防止のために、誰もがんかちょっとそういうところがあります。「寒山拾得」の小説を書きながら、あれなけてよかったと思うことは何かありますか？

Q‥ 横尾さんは、よく「メンドクサイ（面倒くさい）」Q‥ 口にしたくない言葉は、何かありますか？とおっしゃいますね。その効能を教えてください。

Y‥ 一種の悟りだね（笑）。もう面倒くさい、ギブ先に言葉が出てしまうからね。それをコントロールでアップ、もういらん、何もしない。みんな、何か自分きない。怒ったら口にしたくない言葉ばっかり並べるの自我を投入して、これ作ってなんとかかーっんじゃないかな。これはやっぱり、一種の浄化作用だて、するじゃない？ それを全部放棄して、いらんっからね。吐くときは吐いた方がいいんです。吐かないていう、それはある種の諦め、諦観でもあると同時で、それをモラルでもってコントロールしていくと、に、悟りへの道かな（笑）っていう気もしますね。 全部、体の中で汚染していくんですから。

「私」の探求

Q：日記のことをうかがいます。日記はいつ頃からは書かれていますか？ 日記を書くとき、誰かが読むだろうということは意識していますか？

Y：うーんとね、1970年、交通事故になって入院したときから。闘病日記を書こうと思って、それをずっと目覚めて、書き出したのが1970年ですね。ぼくの場合は公開き、日記が多いので、誰か読む「だろう」じゃなくて、読んでもらうために書いている。
　神という存在は、われわれ一人一人を、全ての部知っているわけだから、神の視点に自分を置いて、自分の生活とか考え方を、それを神の視点で写し取るっていう、そういう感覚に近いですね。

Q：それは、自分を客観的に見て書いているということですか？

Y：いや、客観的な自分ってわからないんですよみたいな感じです。自分は全て主観だから、客観的な自分は想像するねたり、教わったり、検査したりするのは、そこで自分だけです。客観でぼくを見てるんだけども、ぼくもでの体についての情報を医学的に知るわけです。自分のきるだけ神の視点で書きたいと思うけど、それは無理ですよね。神は、ぼくの主観もキャッチしてると思うんです。まあ人は神の僕ですからね。

Q：横尾さんの「体内時計」は正確ですか？

Y：体内時計、かなり正確です。高校出た後、何年間か、ずっと時計を持たなかったんです。そのとき時計をもらってから、全く体内時計が狂ってしまった。あるとき、大阪のホテルに泊まっていて、夜中にぱっと目覚めて、真っ暗けで、あ何時かなと思ったら、白銀色の2本の線がピューッと出たわけ。その白読銀色の角度を測って、横にあるライトを点けると、時計がピタッと同じ時間を示していました。それからも時計はいらないと思って、海外旅行にも時計を持っていきませんでした。だから人間って近代を見放した方が原始的能力を獲得しますよ。

Q：横尾さんには、病気や病院をテーマにした作品や文章がたくさんあります。病院のどんなところが好きなのですか？

Y：（笑）。病院というのは、自分を研究する研究所です。病院に行って、そこでいろいろ尋ねたり、教わったり、検査したりするのは、そこで自分の体についての情報を医学的に知るわけです。自分の体を知ることは自分の精神を知ることでもあります。自分のためにそのために結構、病院に行って、先生をつかまえて、先生の特別室で延々といろいろ話をして、自分の謎と自分の知らない秘密を解き明かしてもらうんですね。

Q：どこかに自分の「片割れ」がいると思いますか？

Y‥ 片割れは、自分の中にいるもう一人の自分が片は、全然違う。われわれは肉体的なものの体験を体験割れでしょうねえ。主観と客観とか他力と自力っていうのは、ぼくは、一人の人間の中にいる存在だと思いますんでいるんだけれども、やはり霊的なものの体験っていうのは、一人の人間の中にいる本当の体験であるっていう、そういう考え方が一般化しないと、なかなか解決しない問題が増えるばかりですね。

Q‥ 自分の中の「女性性」を感じることはありますか？

Y‥ ものを創造してそれを社会に向けて発信する能力は男性原理です。ぼくは、受信能力の方が強いですよね。女性原理は受信能力なんですよ。だから、いろんなものからインスピレーションを受けたり、何か情報があると表へ飛び出す、すると必ず流れ星が来るんです。受信能力。ぼくの中で女性性を、ほとんど待ってましたという風に、サーッて来る感じるっていうのは当然です。

Q‥ これまでに、星に願いをかけたことはありますか？

Y‥ でもその流れ星は、大人になっても来ていたんです。ぼくが日記を書き出した1970年代になって初めて、それがどうやらUFOだったということがわかったんです。UFOからのメッセージというか、エネルギーだってことがわかったんです。

宇宙と転生

Q‥ 民間宇宙旅行が実現しようとしていますが、宇宙に行ってみたいですか？

Y‥ ロケットに乗って宇宙に行きたいとは思わないですね。肉体的には宇宙に行きたいとは思わないけれども、霊的には行ってみたいと思います。アストラル体になるとか、エーテル体になった状態で宇宙に行くとか、それはぼくはすでに経験しているから、それでじゃないですよね。

Y‥ どの時代ねえ…。これはタイムマシーンだからいいです。アストラル体とかエーテル体になって宇宙を経験するというのは、人間の本体は霊的なものだから数限りなくあるから、今生の直前の前世をちょっと見ら、霊的なもので体験するのと肉体的に体験するのとてみたい。たぶん絵を描いてなかったと思いますね。

Q‥ もしタイムマシーンが発明されたとしたら、いつの時代に行ってみたいですか？

これはやっぱり（自分の）前世でしょうね。前世も

同じことを二世にわたって続けるっていうことは、ほぼイドだからね。まあ、裕福なお金持ちの家の美人の飼とんどないと、ぼくは思うんですよ。意味がないこといい猫がいいですね（笑）。貧乏人は駄目だ、お金持ちだからね。異なった場所と異なった時代に、異なった家にいかないと。そこでやりたい放題、したい放題性別で生まれて、そこで未体験なものを経験するんだやりまくる、そんな猫になりたいな。たぶんかわいがから、同じ体験を続けるっていうのはほぼないと思いってくれるだろうし。ます。同じことをするんだったら、輪廻転生の意味が全くなくなってしまうからね。

Q：もし一度だけ過去の自分に会って声をかけることができるとすれば、いつの自分になんと言いますか？

Y：幼児の自分に、自分の人生はこういう風になるよ、とこっそり教えて、だから、なるようになるから無理しない生き方をしなさいと教えてやりたいですね。

Q：霊界に行った時に、真っ先に会いたいと思っている人はどなたですか？

Y：会いたい人というのは、こちらで決められないんです。こちらでは選べない。そういうものなんですよ。こちらでは決められない。でも、それも考え方によっては、こちらが決めてるわけですよ。だから、全てはこちらに問題があるわけだけどね。

Q：何か人間以外のものに生まれ変わることができるとしたら、何になりたいですか？

Y：人間以外で？　宇宙人っていうのはヒューマノ

東京世田谷・成城の横尾忠則アトリエにて
2020年11月18日
聞き手：南雄介・藤井亜紀
構成：南雄介

凡例

・掲載されている絵画作品、グラフィック作品、その他の美術作品の作者は、特記していない限り、すべて横尾忠則である。

・作品の表記は、作品名（和および英）、制作年、素材・技法、寸法、所蔵の順によっている。簡単な説明を加えたものもある。

・作品名（和）はギュメ《 》で囲み、英文タイトルはイタリック（斜体）で表記した。

・ポスター等のグラフィック作品の作品名においては、（　）内に発注者（クライアント）を記した。

・素材・技法の項では、・（ナカグロ）の後に支持体を表記した。

・ポスターおよび版画等の所蔵者は、同一作品が複数存在していることを考慮し、省略した。

・章解説および短文コメントの執筆の分担は以下の通りである。

第1章・第2章　藤井亜紀
第3章・第4章　南雄介

横尾忠則：A Visual Story

兵庫県西脇市の写真館にて、スケッチブックを手にする高校3年生の横尾(1955年)

第1章 原郷から 1936—1960

コブナ少年が芸術に生きることを決意するまで

横尾忠則は、1936年6月27日、現在の兵庫県西脇市に生まれた。3歳の時に、実父の兄で呉服商を営んでいた夫婦の養子となる。未熟児で病弱だったこともあり、歳のいった養父母に一人っ子として溺愛されて育った横尾は、19歳まで過ごした西脇での幸福な少年時代を反芻し、数多くの作品に描いている。

幼い頃から絵の好きだった横尾が描くのは、専ら模写であった。5歳の時に描いた《武蔵と小次郎》（模写）（27頁）は、絵本をまるごと写したなかの一枚である。どきどきしながら頁をめくり、夢中になって模写することとは別の世界に没入していったのであろう。こうした感覚を通じて、横尾は自分のいる世界とは別の世界を自ずと認識するようになっていく。出生の秘密に触れるような「橋の下で拾ってきた」という養父母の言葉で別の両親を想像したり、物語の主人公に自分をなぞらえてみたりもした。夢遊病に悩まされる養父と森羅万象に神さまを語る養母と過ごす、たくさんの神仏が祀られた家。周囲の暗闇に物音に匂いに気配に怯える日々。幼い肉体が感じ取った、現実と地続きの異界を横尾は今も大事にし続けているように思われる。

物心がついたときには戦争が始まっていた少年期にあって、川でコブナ捕りに熱中していた暮らしのなかにも死が身近に迫ってくる感覚が次第に濃くなっていく。それは養父母が亡くなるのではないかという世界の終わりを意味する恐ろしさと重なっていた。朝の運動場の背後の山から突然現れた敵機、灯火管制による暗闇、空襲で赤く染まる空。戦後に見た瓦礫のなかで聳える大阪城。そうした光景は、死の恐怖とともに横尾の内部に宿っている。

戦後、学校も日常も軍国主義から民主主義にがらりと変わり、漫画や野球、切手やスタンプ蒐集に熱中する一方で、中学生の時には、江戸川乱歩の探偵小説と南洋一郎の冒険小説、山川惣治と鈴木御水の挿絵に夢中になる。怪人二十面相の謎が謎を呼ぶ物語や少年探偵団の活躍、密林を舞台にした血沸き肉躍る冒険活劇は、横尾の絵画の重要な要素として登場することになる。

1952年、兵庫県立西脇高等学校に入学する。当初は郵便局に勤務するという将来像を描くものの、東京から赴任した美術教師の影響で、美術の道を志すようになる。教師の勧めで「太平洋画会展」に出品・入選し、会友にまで推挙されていたことを知らされず、また美術学校受験のために上京するが、教師の判断で取りやめるなど、他力に委ねながらも、スケッチブックをアイデンティティに写真に納まる横尾は、「芸術に生きる」と高校3年時の寄せ書きに記した。

芸術に生きていくための母胎となったのが、年上の女性との（擬似）恋愛であろう。養母や恋人、20歳で結婚した妻、こうした女性たちから受けた様々な愛は、横尾に霊感を与えその想像力を育むばかりではなく、自身の芸術になくてはならないと考える幼児性を保ち続けるための温床であったといえるだろう。画家になる夢を捨てきれず、しかし就職をする必要に迫られていた横尾を導いたのは、西脇市のポスター・コンクールで受賞した《織物祭（西脇市）のポスター》（32頁）であった。これを見た加古川の印刷所に採用され、1年にも満たないうちに解雇されるものの、そこで目にした「ヤレ」と呼ばれる、印刷インキが定着するまで重ね刷りをした不要の紙は、後に手法として展開していくことになる。その後、神戸新聞のカットの常連投稿者によるグループ展を開いたところ、横尾のポスターに注目したデザイナーでイラストレーターの灘本唯人が、一緒にいた神戸新聞社のデザイナーに横尾を採用するよう推薦する。ここでも自作が横尾の歩む道をつけていくのである。1956年に神戸新聞社に入社し、事業部のポスターを制作するかたわら、デザイナーの登竜門ともいうべき「日宣美展」（日本宣伝美術会）に入選・入賞、会員に推され、デザインの道を進むことになる。

「我々はどこから来たのか 我々は何者か 我々はどこへ行くのか」（ゴーギャン）。西脇の遥か彼方、魂の故郷「原郷」をめぐる横尾の長い航海が始まる。

（藤井亜紀）

誕生　受胎された霊感

幼年時代から星空を見上げて、この世とは別の故郷があることを空想していたという横尾は、そうした魂の故郷から《星の子》として この世に降り立ち、受胎告知のように、天使から受けた霊感をもとに数多くの物語を描いていく。

↑《受胎された霊感》| *Conceived Concept*
1991年｜アクリル、布、紙、コラージュ・カンヴァス、額
197.2×217cm｜兵庫県立美術館蔵

←《星の子》| *Star Kids*
1996年｜アクリル・カンヴァス
227.3×181.9cm｜兵庫県立美術館蔵

戦争と戦後 少年時代

講談社の絵本『宮本武蔵』を写し取り、原画にはない佐々木小次郎の足を別の頁から採って描き加えた《武蔵と小次郎（模写）》。夢の場面を描いた《龍》。模写とコラージュ、夢のモティーフはいずれも横尾の絵画を特徴づける要素である。

027

← 《龍》| *Dragon*
1944年頃｜作家蔵
小学校（国民学校）2年生の横尾が、家の前の電柱から龍が空に昇っていく夢を見て描いた絵

↓ 《武蔵と小次郎（模写）》
Musashi and Kojiro (copied from a picture book)
1941年頃｜作家蔵
5歳の横尾による講談社の絵本『宮本武蔵』（石井滴水画）からの模写

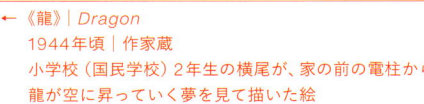

4歳の頃の横尾（1940年頃）

戦争と戦後　少年時代

反物を並べ算盤をはじく養父、
日傘をさす養母、
セーラー服姿の横尾。
西脇で見た、空襲で赤く染まる闇。
大阪で見た、戦後の焼け跡。
幼少期の記憶は、忘れえぬ
原風景として作品に刻印された。

1

1 《想い出と現実の一致》
 Coincidence of Memories and Reality
 1998年｜油彩、コラージュ・カンヴァス
 181.8×227.3cm｜富山県美術館蔵

2 《夢の中の記憶》｜*Memory in a Dream*
 2006年｜油彩・カンヴァス
 181.8×227.3cm｜作家蔵

3 《戦後》｜*Post War*｜1985年
 シルクスクリーンによる釉薬・セラミック
 240×240cm｜公益財団法人アルカンシエール
 美術財団／原美術館コレクション蔵
 磯崎新によるフレームは、1986年から
 翌87年にかけてアメリカ合衆国内4都市を
 巡回して開催された「東京：その形と心」展に
 出品された際に加えられていたもので、
 近年再制作された。

2

3

織物祭　西脇時代

10年ぶりの帰郷で父さよく魚釣りをした加古川の鉄橋下に幼馴染が集う。その川の闘竜灘を主題に、高校時代に初めて描いた油彩画《岩と水》の連作が、東京の公募団体展で入賞した。19歳まで過ごした西脇の光景は、その後も横尾の絵画に脈々と生き続けている。

← 《岩と水》｜*Rock and Water*
1954年｜油彩、砂・カンヴァス｜55.3×71.6cm
作家蔵（横尾忠則現代美術館寄託）

→ 加古川の河原にて、西脇高校のかつてのクラスメートたちと（篠山紀信撮影、1970年、兵庫県西脇市）

← 西脇高校文化祭に出品した「岩と水」連作の前で（高校時代に手ずから人工着色した写真、1954年頃）

《織物祭(西脇市)》
Textile Festival (Nishiwaki City) | 1955年
オフセット・紙 | 75 × 52.4 cm

織物祭 西脇時代

高校3年生のときに採用された西脇市主催「織物祭」のポスターは、グラフィック・デザイナーとしての出発点である。さらに卒業後に出会った年上の恋人との逢瀬は、創造の原点となる愛の重要性を知る契機となった。

032・033

《ヰタ・セクスアリス》| Vita Sexualis
1993年 | アクリル・カンヴァス | 91 × 72.7 cm
作家蔵(横尾忠則現代美術館寄託)

デザイナー誕生　神戸時代

20歳の時、職場の神戸新聞会館で1歳年上の谷泰江と知り合い、直観に突き動かされてほどなく結婚。神戸のアパートで暮らし始めてから「喜びも悲しみも幾歳月」。妻の「本質的な母性」が横尾の「未熟で幼稚な部分を受け止めてくれた」という。

035

《白浜――喜びも悲しみも幾歳月》
Shirahama — Sharing Joys and Sorrows for Years
2006年｜油彩、コラージュ・カンヴァス（2枚組）
162.1×260.6cm｜作家蔵（横尾忠則現代美術館寄託）

結婚の翌年、兵庫県西脇市で結婚式を挙げた際に撮影した記念写真（1958年）

1 《第二回近畿プロ自転車ロードレース
選手権大会（近畿競輪選手会連合会、
デイリースポーツ社）》
The 2nd Kinki Professional Bicycle Racing
(Kinki Cycling Association, Daily Sports)
1957年｜オフセット・紙｜77.4×53.2cm

2 《第三回宝塚市少年野球大会
（宝塚市体育協会、宝塚市教育委員会）》
The 3rd Little League Baseball
Tournament in Takarazuka City
(Takarazuka Sports Association,
Takarazuka Board of Education)
1957年｜オフセット・紙｜77×53cm

3 《中山ツヤ洋裁教室生徒募集［緑］
（中山ツヤ洋裁教室）》
Recruiting Students for Tsuya Nakayama
Sewing School [Green] (Tsuya Nakayama
Sewing School)
1959年｜シルクスクリーン・紙
74.4×49.5cm

4 《『日蘭』通商三五〇周年記念の夕べ
（関西日蘭協会）》
Japan-Netherlands Trade Agreement's
350th Anniversary Soiree (Japan-
Netherlands Association in Kansai)
1959年｜シルクスクリーン・紙
73.7×52.6cm

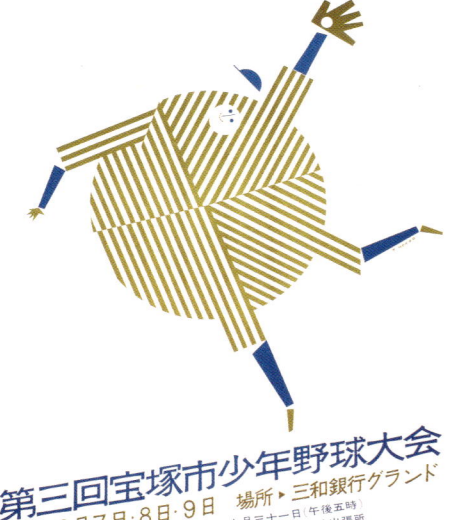

2

1

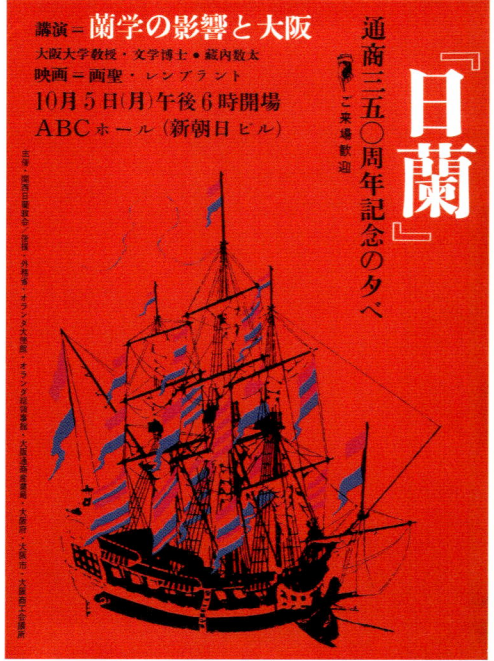

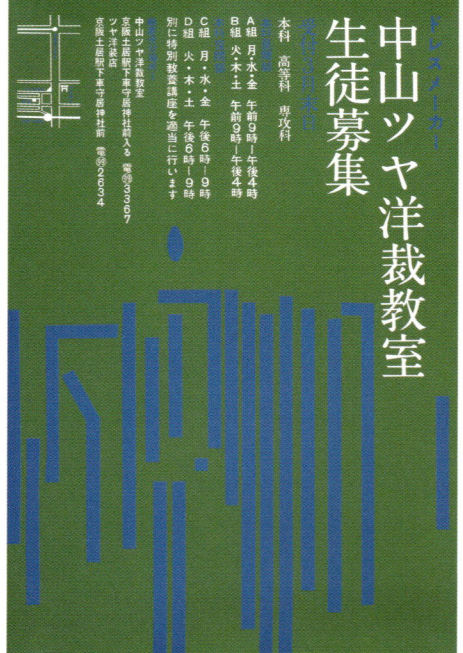

4

3

← 神戸新聞社時代、神戸宣伝美術会展での新人賞受賞作の前で（1957年）

デザイナー誕生　神戸時代

神戸新聞社時代に手掛けたポスター。独学でモダニズムのデザイン技法を学ぶが、そこで手にした明快な構図、モティーフの反復、色彩の強い対比から生じる画面のリズムは、通奏低音となって後年のグラフィック・デザインに響き続ける。

第 2 章　1960–1981

越境

アートとデザインを往還しながら

1960年、横尾は上京し、精鋭のデザイナーたちが集う念願の日本デザインセンターに入社する。モダニズム・デザインの圧倒的な潮流の只中で技を磨くものの、1964年には同僚だった宇野亞喜良、原田維夫とともに退社し、新しいイラストレーションを目指す「スタジオ・イルフィル」を結成した（1965年解散）。横尾はイラストレーターとしてのみならず、その領域をグラフィック・デザインから絵画、版画、舞台美術、建築、映画出演、小説へと拡げていく。ジャンルの枠組みや社会通念があるからこそ、そこから外れ、軽やかに超えていく横尾の姿は若者の注目を支持を集め、横尾自身がメディアと化していく。現在も第一線で活躍し続ける横尾の在り方は、この60年代から始まったといえるだろう。

1965年、グラフィック・デザイナーの個性の表現を企図したグループ展「ペルソナ」に「自分自身のための広告」として、自殺した図の《TADANORI YOKOO》（45頁）を出品する。同出品作の《A LA MAISON DE M. CIVEÇAWA（ガルメラ商会）》（44頁）とともに、端正なシンメトリーの構図にアイコンが破調を起こし、光線の反復が目を眩ませる。この禍々しく賑々しいポスターは横尾の代名詞となった。

1966年、南天子画廊の個展では、アクリル絵具による「ピンクガールズ」を発表する（52—53頁）。81年の「画家宣言」に先立つ画家の仕事である。睫毛に囲まれた三

白眼でこちらを見据え、あけすけに振る舞うピンク色の娘たちを見た三島由紀夫は「何という無礼な芸術であろう。このエチケットのなさ！」と賛辞を寄せた。

横尾の作品は、世間的なルールを外し、奥底にしまい込んだ本質のようなものを白日のもとに曝け出す力がある。そこに三島や澁澤龍彥、土方巽、寺山修司、唐十郎、一柳慧、大島渚といった先鋭的な文化の担い手たちが魅かれ、横尾の言う「地上最強の文化的磁展が開催される（71頁）。遡れば65年の横尾自身の広告をいち早く受け止めたのはニューヨークであった。67年の初渡米時には、サイケデリック・ムーヴメントやヒッピー・カルチャーに心酔し、ニューヨーク近代美術館に作品が収蔵され、展覧会「ワード＆イメージ」のポスターデザイン（70頁）も手掛けた。しかし、海外で広がる評価にも関わらず、70年代に入ると横尾の関心は次第に外界から内界へと向かい始める。入院中の幽体離脱体験、UFOの夢、三島の死。生前最後に交わした三島の「これでインドに行ってもいい」という言葉に導かれ、1974年にインドへ旅立つ。その混沌とした異世界では瞑想と内省を重ねていく。作品には少年の頃に親しんでいた小説や映画に描かれた密林や楽園だけではなく、遥か極楽浄土、千年王国、地底王国のイメージが表れるようになる。それは、かつて魂がいた世界、いずれは還っていく世界への希求でもあるだろう。

（藤井亜紀）

なかで「時間がない」と急かし「足を治してやる」と言ったのが三島であった。依頼された『新輯版 薔薇刑』の装幀（57頁）で、ヒンズーの神々の光に照らされ薔薇を刺されて横たわる姿に描かれた三島が「俺の涅槃像」だと語ったのは自決の3日前だった。その突然の死を契機に歩けるようになった横尾にとって、三島は常に導き手であり続けている。

1972年、ニューヨーク近代美術館で個場」が創られていった。当時「アングラ」と略称された、このような「対抗文化」の渦中にあった横尾にマスコミが注目するなか、ジャンルを越境して「横尾忠則」自体が強い光を放つようになった。1970年の日本万国博覧会せんい館では、明るい未来像に反して、空襲と死を連想させる赤一色で建物を塗り込め、工事中の状態で凍結させた（69頁）。こうした死の表現は、少年時代から最も恐れていた養父母の死を迎えてもなお、作品に宿り続ける。1965年の自殺の図のポスター、67年の『デザイン・ジャーナル』の死亡広告、68年の『横尾忠則遺作集』。死を演じることで、死との向き合い方を模索していたといえるだろう。

1970年1月、タクシーでの衝突事故で入院したことを契機に「休業宣言」をする。それまでの集大成となる「横尾忠則全集展」（銀座松屋）を開催し6日間で7万人を動員、『横尾忠則全集』も刊行した。しかし9月には、原因不明の足の痛みで再入院する。その

原因不明の足の痛みに襲われ、入院する前日、苦痛の中で
（安河内羔治撮影、1970年9月）

デザインセンターの銀座

日本デザインセンター時代に手掛けたポスターは、主役を戯画化したイラストレーションと描き文字が特徴的である。コンセプトを重視し、洗練された美しさを良しとする当時のデザイン界の価値観とは異なる魅力を発する。

「ペルソナ」展会場にて。左から細谷巖、永井一正、粟津潔、和田誠、横尾勝井三雄、宇野亞喜良、田中一光、木村恒久、福田繁雄（1965年、東京・銀座）

2 《ジェリー藤尾　渡辺トモ子　アルマンド・オレフィチェと
ハバナ・キューバン・ボーイズ（京都勤労者音楽協議会）》
*Kyoto Ro-on Concerts, Series B, No.33
(Kyoto Workers Music Council)*
1963年｜オフセット・紙｜74.2×52.3cm

1 《外山雄三指揮　大阪フィルハーモニー交響楽団
イヨルク・デームス（京都勤労者音楽協議会）》
*Kyoto Ro-on Concerts, Series A, No.160
(Kyoto Workers Music Council)*
1963年｜オフセット・紙｜74.4×52.4cm

4 《こうもり［白］（藤原歌劇団）》
The Bat [White] (Fujiwara Opera Company)
1963年｜シルクスクリーン・紙｜103×73cm

3 《こうもり［赤］（藤原歌劇団）》
The Bat [Red] (Fujiwara Opera Company)
1963年｜シルクスクリーン・紙｜103×72.8cm

デザインセンターの銀座

氷屋の旗とアメリカ国旗が合体したような大衆演歌歌手・春日八郎のポスターは、クライアントのクレームと、タレントの嫌悪を引き起こした。人目を引き、感情を揺さぶる横尾デザインの幕開けである。

→《ペギー葉山リサイタル
春日八郎艶歌を歌う
（京都勤労者音楽協議会）》
Kyoto Ro-on Concerts,
Series B, No. 47
(Kyoto Workers Music Council)
1964年｜オフセット・紙
72.5 × 51.3 cm

←《坂本スミ子
雪村いづみリサイタル
（京都勤労者音楽協議会）》
Kyoto Ro-on Concerts,
Series B, No. 48
(Kyoto Workers Music Council)
1964年｜オフセット・紙
72.7 × 51.3 cm

トヨタ自動車CM撮影のための
セットを流用し、カレンダーを
制作した際のスナップ（1963年）

アングラの新宿

赤ん坊の頃の写真と、高校の集合写真を背景に卑猥な指のサインを底辺とした三角形の頂点で、薔薇を持ち首を吊る横尾。新幹線、富士山、桜、旭日。個人史と社会史が重ねあわされている。

← 《TADANORI YOKOO》| *TADANORI YOKOO*
1965年｜シルクスクリーン・紙｜103.5×73.4cm

↑ 《À LA MAISON DE M.CIVEÇAWA（ガルメラ商会）》
À LA MAISON DE M.CIVEÇAWA (Garumera Shokai)
1965年｜シルクスクリーン・紙｜103.5×73.3cm

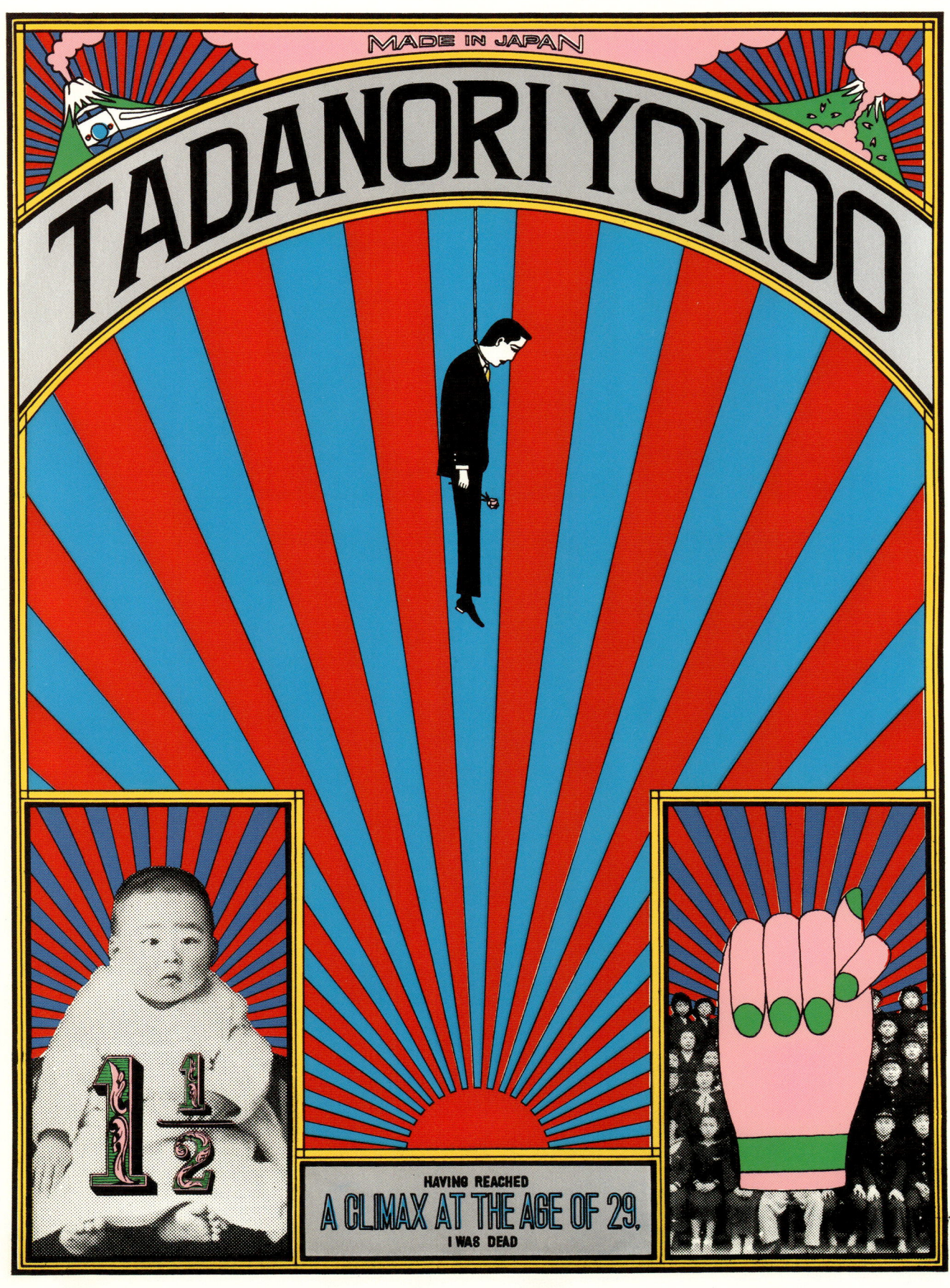

アングラの新宿

唐十郎の主宰する劇団状況劇場の公演で横尾が目にしたのは、役者と観客が入り乱れる密な関係と公演を阻止する警官だった。演劇は、現実と虚構が、芸術と犯罪が入り混じる現場と化し、ポスターも単なる告知を超えて事件の一部となる。

1 《腰巻お仙（劇団状況劇場）》
Koshimaki-Osen (Gekidan Jokyo Gekijo)
1966年｜シルクスクリーン・紙｜103.1×72.3 cm

2 《由比正雪（劇団状況劇場）》
Yuhi Shosetsu (Gekidan Jokyo Gekijo)
1968年｜シルクスクリーン・紙｜100.4×71.5 cm

3 《ジョン・シルバー（劇団状況劇場）》
John Silver (Gekidan Jokyo Gekijo)
1967年｜シルクスクリーン・紙｜102.7×74.6 cm

4 《続ジョン・シルバー（劇団状況劇場）》
John Silver Continued (Gekidan Jokyo Gekijo)
1968年｜シルクスクリーン・紙｜102.5×74 cm

映画「新宿泥棒日記」(監督 大島渚、創造社、1969年)より、「由比正雪」(劇団状況劇場)の稽古に加わる横尾(1969年)

アングラの新宿

横尾は寺山修司が主宰し、見世物の復権を目指す演劇実験室、天井桟敷の創設に加わり、舞台美術とポスター制作を担当する。「毛皮のマリー」の公演時に退団するが、神戸時代から魅かれていた主演の丸山(美輪)明宏この交友は続く。

1 《天井桟敷・定期会員募集(天井桟敷)》
Recruiting Members for Tenjo Sajiki (Tenjo Sajiki)
1967年│シルクスクリーン・紙
104×73.7cm

2 《毛皮のマリー(天井桟敷)》
Mary in Furs (Tenjo Sajiki)
1968年│シルクスクリーン・紙
105×75.3cm

天井桟敷創立時の団員と、皇居二重橋前にて。
前列左から東由多加、萩原朔美、横尾、桃中軒花月、斉藤秀子、青目海、濃紫式部、
中列左から小島嶺一、高橋敏昭、高木史子、大沼八重子、九條今日子、
後列左から林権三郎、支那虎、竹永敬一、寺山修司(1967年、東京)

丸山(美輪)明宏と
(篠山紀信撮影、1968年、東京・新宿花園神社)

アングラの新宿

大島渚監督の映画「新宿泥棒日記」に主演する横尾、憧れの高倉健とテレビ出演する横尾。自分を広告するポスターを作ってから3年後には、自分の存在自体がメディアになり、「アングラ」の教祖に祭り上げられた。

1　《切断された小指に捧げるバラード》
　　Ballad for the Cut-Off Little Finger
　　1966年｜シルクスクリーン・紙｜102.2×72.3cm

2　《新宿泥棒日記（創造社）》｜Diary of a Shinjuku Burglar (Sozosha)
　　1968年｜シルクスクリーン・紙｜99.8×71.5cm

050・051

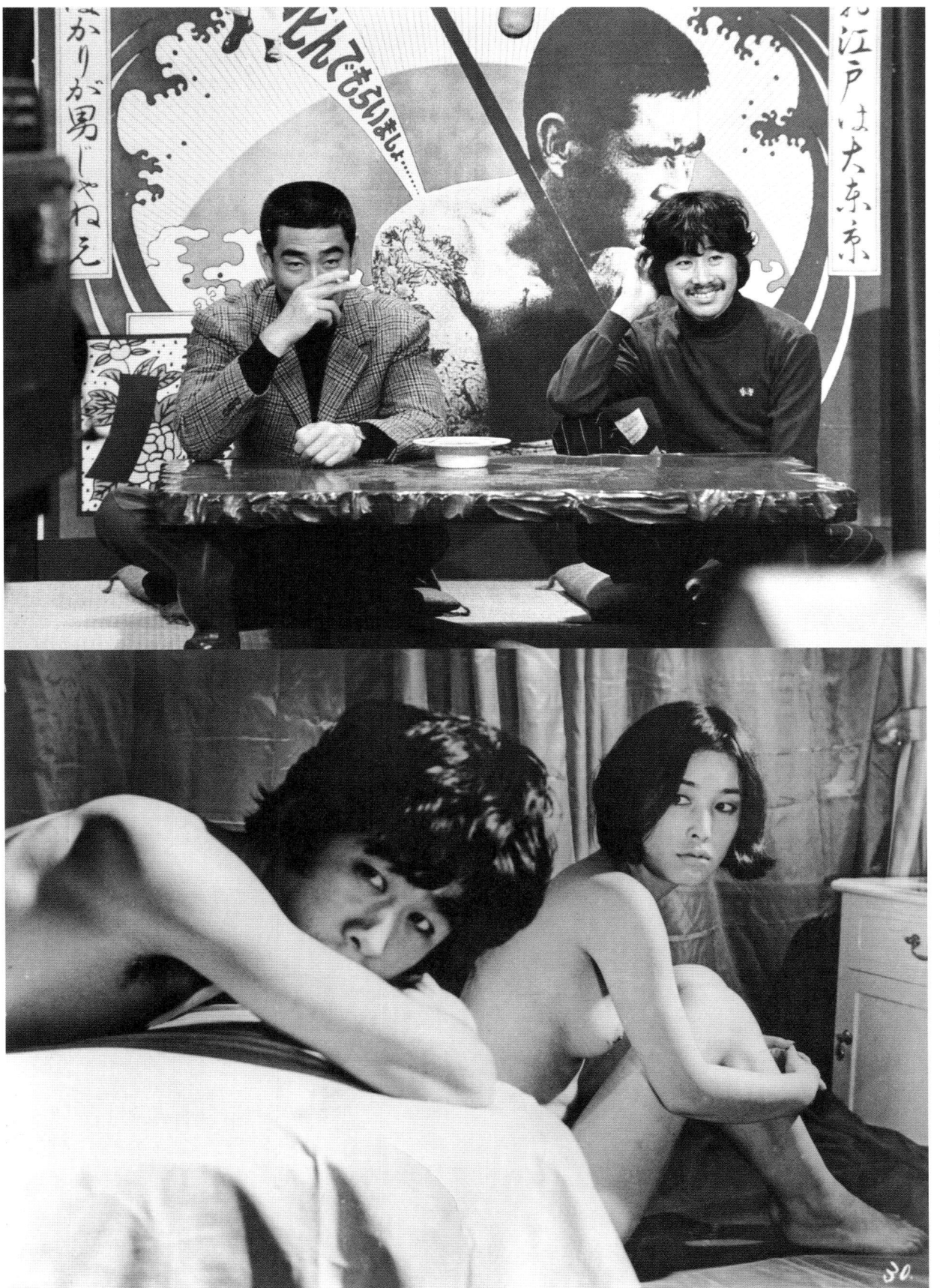

《切断された小指に捧げるバラード》をバックに、高倉健とテレビ番組「11PM」(日本テレビ)に出演 (1968年)

映画「新宿泥棒日記」(監督 大島渚、創造社、1969年)より、共演の横山リエと (1969年)

ピンクガールズ 無作法な娘たち

人の視線を惹きつける術は絵画でも発揮される。日常生活の一コマを見せながら、三白眼で真っ赤な口を開く、あられもない娘たち。背景との違和感に不穏な気配さえ漂う。

← 《花嫁》｜ *Bride* ｜1966年
アクリル・カンヴァス｜53×45.5cm
東京都現代美術館蔵

↑ 《よだれ》｜ *Drooling* ｜1966年
アクリル・カンヴァス｜53×45.5cm
徳島県立近代美術館蔵

責場　プロセスの提示

版画は版を重ねて出来上がる。そのプロセスだけが3点組6場面で示されている。完成作からは見えない版画の本質が、好色で残虐な場面とともに露わにされる。「パリ青年ビエンナーレ」の版画部門でグランプリを受賞。

1　《責場A》| *Torture A* | 1969年
　　シルクスクリーン・紙 | 90.8×67.8cm

2　《責場B》| *Torture B* | 1969年
　　シルクスクリーン・紙 | 90.8×67.8cm

3　《責場C》| *Torture C* | 1969年
　　シルクスクリーン・紙 | 90.8×67.8cm

三島由紀夫　終りの美学

1965年、イラストレーションによる横尾の初個展に来た三島由紀夫に自作を贈ったことを契機として5年間の親交が始まる。三島の連載の挿画、書籍の装幀、演出した舞台のポスター、そして写真集『新輯版 薔薇刑』の装幀。

《新輯版 薔薇刑（集英社）》
Ordeal by Roses - New Edition (Shueisha)
1971年｜装幀｜113.7 × 114 cm

三島由紀夫と横尾、三島邸の書斎にて（1967年頃、東京）、壁には三島に贈った横尾の作品《眼鏡と帽子のある風景》（1965年）がかけられているのが見える

ポップコーンの心霊術――横尾忠則論　三島由紀夫

むかしはどこの家の中も暗かった。このごろの団地の子供は、ハバカリへ行くということの恐怖代的な快楽も知らない。あの怖ろしい暗い穴の中か族的な匂いの、立ちのぼって来て目にしみるアンモニヤの匂い。それから煙出し片脳油の胸せまるような悲劇失礼な空想をゆるしてほしい。それに、どうしてむかしの家では、ハバカリの電気をあんなに倹約したものだろう。と小との堺目に、五燭ぐらいの電燈がぼんやりつりいていて、それに金蠅の羽音がまつわりついているバカリさえあったのだ。それならまだいいほうで、全然灯火のないバカリさえあったのだ。

横尾忠則の芸術について語るには、どうしてまでも、決して水洗なんかではない、暗い汲取便所の恐怖と快楽について語りはじめたい誘惑を感じる。それは何故だろう。たとえば、このごろでは全然見かけなくなったあのあの片脳油というもの。あれは、ノコギリ形の屋根と黒煙を吐く煙突の宇宙的無限の謎を誘起する、当時はやりのデザインにはたしか、ノコギリ形の屋根と黒煙を吐く煙突の絵を描いたレッテルが貼ってあったかもしれない。それは大てい油じみて、半分やぶれにもっている図柄の中に、又、人が又それをもってかけたレッテルだった。ほかの防臭剤には、蠅がいる図柄があり、その中にも、人がそれを持って薬の霧を吹っかけられて、ジタバタして、瀕死のいる図柄がある、という無限小数的なデザインで表情をうかべている絵が描いてあったものだが、ある。そういう、悲しくなるほど永遠に遠ざかりに、そのすぐそばで、本物の蠅は、遖しく生を謳歌し深まってゆくものを暗示したデザインこそ、あのいた。ていたのだった。

横尾氏の幼年時代には、まだ煙出し片脳油は使っていたろうか？　それは防臭殺虫噴霧器よりも、ずっとずっと古い製品だった。ビール罐の廃夜を、悲しみでいっぱいにしてしまったあの汽物利用の焦茶いろの罐に、ものすごい刺戟性の薬笛、しかし同時に夜に無限のひろがりと駅の灯液がたっぷり入っていて、そして何よりもその火の羅列とさびしい孤独な旅を暗示したあの汽笛、ッテルだった。子供はしゃがんでいるあいだ、ずは、どこへ行ってしまったのか。っとそのレッテルと睨めっこをしているわけだから、いやでも覚えてしまう。

ノコギリ屋根と暗い煙突、それは正に暗い前近代の工場の風景で、その屋根の下ではきっと家明るさが現前する。それはたとえば、聯隊の軍旗があったのだ。もし片脳油の祭の記念の風呂敷だ。いやに赤っぽい桜、富士、続していたら、どうか私のこんな気儘な旭日の光芒、紫、黄、赤などのものすごい配色。、曇った朝あそこには、栄光というものと生活のさびしさとがせめぎ合った、ヒステリカルなけばけばしさばかりていて、それなりに悲壮なものがせめぎ合った、ヒステリカルなけばけばしさばかりの、ハバカあったのだ。日本資本主義の最底辺の、ハバカあったのだ。私は証言する。今よりもずっと多い涙の中で生きいていて、それなりに悲しいにつけ、すぐ涙だいていた。嬉しいにつけ、悲しいにつけ、すぐ涙だった。そして軍隊の記念の風呂敷の、あのノスタる。あの人糞人尿の匂いに対抗し、打ち克つたルジックな極彩色は、その紫がただちにヒビ、アカギレの血の色をろの、正に近代的化学技術の粋を尽してつくられ紫、その赤がただちにヒビ、アカギレの血の色を圧倒的、殲滅的、かつ、感傷的、近代的スプ隠していた。人間というものはもともと極彩色なリーンそのもののような匂いの発明者としてのだ。

それから、これは多分、私の記憶ちがいであろう大日本帝国の一人一人の生活は、湿った暗い蒲片脳油のレッテルには、子供にとって最大団に包まれていた。なぜ蒲団はあのように暗く、天井はあのように高く、ハバカリはあのように臭のように高く、ハバカリはあのように臭から成る古くさい工場の絵を描いたレッテルが貼ってあったのに、バカバカしく金ピカ貼ってあった。それは、人が何か手く、そしてあらゆるものに、バカバカしく金ピカ持ってのレッテルが貼ってあったのだろう。横尾忠則はかけたレッテルだった。ほかの防臭剤には、蠅がいる図柄があり、その中にも、人がそれを持って戦後に育った世代であるにもかかわらず、生家の薬の霧を吹っかけられて、ジタバタして、瀕死のいる図柄がある、という無限小数的なデザインで蒲団屋の蒲団地の、金ピカで極彩色のレッテルを持って悲しくなるほど永遠に遠ざかりに、いいようもない陰惨を感じる直感力を持っていた。

お祭は、花やかで、きらびやかで、しかも陰惨糞臭と片脳油の匂いのなかで鑑賞すべきものであそのものだった。人々はまだ、不具に対する劃一ったのだ。遠い汽笛、……どこの家でもきこえて、子供的なヒューマニズムの擒になってはいなかった。あの安っぽさ、買ってくると一日でこわれる玩あの的なヒューマニズムの擒になってはいなかった。あきらかに有毒な着色剤を使った菓子、飲具、……そこではすべてが「禁止」されていた。少くとも「良家」の子供にとっては。従ってその幼時の思い出は、どれをとっても、文字どおり禁止によって圧倒的な魅力を放っていた。見世物の見るもおどろな泥絵具の大看板の、陰ウサン臭いのである。

《終りの美学》 | The Aesthetics of the End
1966年 | シルクスクリーン・紙 | 102.4 × 76 cm

惨醜悪怪奇をきわめた半人半獣の図は、ここでも沈む海に、涙を流しつつ男の横顔が沈んでゆき、や、やさしい不具者や、あらゆる人間的なものが
また、紫のビロードと、金糸の縫取と、金銀の縁その上に強大な女の横顔がおおいかぶさるコマ絵まつわっていた。それにしても、とにかくそれは
飾りの房に囲まれていた。そういうものは、少年の連続を見ても、私には、それが、大東亜戦争の人魂なのであり、人間の霊魂の証しなのだった。
雑誌「譚海」の血みどろの「切ったはった」にも敗北と大日本帝国の崩壊を、肉体的に味わった世霊魂は温かい、唯一の温かい言葉になった。彼
つながりがあったのだ。衛生的な大人たちは、子代の人間でなければ描けない図柄のように思われの芸術の独特の暗さと温かさは、かくて霊的なも
供が「譚海」を読むことを賢明にも禁止し、明るたものだ。のである。それは二十世紀のもっとも尖端的な通
い、清潔な、そして親には孝行、軍国主義には賛　もちろんそれは一面的な解釈である。彼の世俗信手段であるところの、心と心との交流、すなわ
成という、「少年倶楽部」を推賞したのだった。的な成功は、日本的土俗の悲しみとアメリカン・ち心霊術に基づいているからである。
私の子供の時代はそんなものであった。そしてポップ・アートの痴呆的白昼的ニヒリズムとを、そこに「英雄」が立ち現われる。
そういう、さびしい極彩色の日本人の生活を私は一直線につなげたところにあった。この奇妙な、英雄は、正にこのような交霊によって喚起さ
なつかしむ。家のどこかでは必ず女がこっそりと木に竹をついたような作業は、戦勝国アメリカ、れ、土俗の中から、土でつくられた巨大ゴーレ
泣いていた。祖母も、母も、叔母も、姉も、女中「独占資本主義的帝国主義的」アメリカの、裏側のように立上らなければならない。一例が、横尾
も。そして子供に涙を見られると、あわてて微笑のポカンとした悲しみとリリシズムの泉に触れえぬ英雄、高倉健は、花札の刺青
に涙を隠すのだった。私は女たちがいつも泣いていた時代をすばらしいと思うのである！部とアメリカ的恥部との、厚顔無恥な結合、あるいは、近代都市の映画産業のメカニズムを通して、
しかし泣いていた女たちの怨念は、今のようは癒着であったといえる。思えば、それは戦争深夜興行というもっとも文明的な興行形態の中に
いたるところで女がゲラゲラ高笑いをし、歯直後の日本で、あの勇敢なるパンスケ諸嬢が、甚生きのびてゆく幻影なのである。死んでもらいま
をむき出している時代を現出した。むかしの女のだ非芸術的に成就したものだったのである。しょう！そういう血の叫びをあげるとき、われ
幽霊は、さびしげに柳のかげからあらわれ、めん恥部とは何だろうか。それはそもそも、人に見われの中の血の叫び、あらゆる進歩主義者、改良
めんと愚痴をこぼしたが、今の女の幽霊は、横尾せたくないものだろうか。人に見せたい主義者、ヒューマニストが、おぞ毛をふるって避
くともその根元的なものすべてを。んと愚痴をこぼしたが、今の女の幽霊は、政治向けて通る血の叫びが、よびさまされて、こう怒鳴
忠則の絵にあるような裸一貫の赤鬼になって跋扈ものだろうか。これは甚だ微妙な、また、る。「カッコいいぞう！」……しかしそのとき、
している。うわア怖い！な問題である。部とアメリカ的恥部との、厚顔無恥な結合、ある

横尾氏のやったことは、＋に＋を掛けて－にすこんなパセティックな共感のうちに、われわれは
　　　　　　　　　　プラス
……私は一体何を語ろうとしていたのだろう。ることではなく、－に－を掛けて＋にすることだ無限に喪失してゆく。何かを。何を喪失するとも
　　　　　　　　　　マイナス
私は横尾忠則について語ろうとしていた筈だ。しれず、ただ喪失してゆく。ハバカリの匂いを、
しかし、私は別事を語りながら、すでに彼についてツーリズム、世界的流行、工業化社会、血の叫びを。……そして何十年かのち、
すべてを語ってしまったような気がしている。少象、大衆化社会なども反対の、人の一番心の奥コンピューターに占領された日本のオフィスの壁
くともその根元的なものすべてを。底から奥底への陰湿な通路を通った、交霊術的交には、横尾忠則のポスターだけが、日本を記念す
ふしぎでならないことは、彼が彼の年齢にもか彼は、日本の土俗の霊を以て、アメるものとして残されるであろう。
かわらず、戦前の「暗い日本」と、同時にそのノリカに代表される巨大な機械文明の現代に、或
スタルジックなけばけばしい意匠とを、潜在意識フワフワした、桃いろの、ポップ・コーンのよう
の底にしっかり貯え持っているように見えることもあり、ゴム風船のようでもあり、いずれにして
である。どうして彼は獲たのであろうか。それは、パンと割られたらおしまいの、合成樹脂製の
断じて後天的には獲得できないものである。たと人魂を喚起したのだった。この人魂には、ハバカ
えば彼が作ったアニメーションの映画で、旭日のリの匂いや、悲しい巨大な旭日の栄光や、女の涙
　　　　　　　　　　　　　　　　　　　　　　　　（ひとだま）

「ポップコーンの心霊術──横尾忠則論」は、横尾が篠山紀信と
ともに企画を進めていた写真集『私のアイドル』の序文として、
1968年に執筆された。
して編集された三島由紀夫『芸術断想　三島由紀夫のエッセイ4』
（ちくま文庫、1995年）より転載。

《通し狂言　椿説弓張月（国立劇場）》
The Kabuki Play, Chinsetsu Yumihari-Zuki (National Theatre)
1969年｜シルクスクリーン・紙｜103.5×73.7cm

三島由紀夫と横尾（篠山紀信撮影、1968年、東京）

《死の愛》｜ *Love of Death* ｜1994年
アクリル・カンヴァス｜227.3×181.8cm
作家蔵（横尾忠則現代美術館寄託）

三島由紀夫　終りの美学

三島この写真は、横尾と憧れの人物を篠山紀信が写す「私のアイドル」という企画の初回に撮影されたものである。この時の三島のすがたは、その後、横尾の作品のなかで霊界の王の如く蘇っている。

アンリ・ウッソー・ヨコオ

アンリ・ルソーの作品にはどこか不気味な側面がある。それを深く掘り下げて見えてきたものを、横尾は、ルソーを真似た画面に映し出してくる。そこには憚ることのない残酷なユーモアが満ちている。

1 《アンリ・ルソー《子どものお祝い》より》
"Celebration of Children" Love for Henri Rousseau
1967年｜油彩・カンヴァス
33.1 × 24.3 cm
姫路市立美術館蔵

2 《アンリ・ルソー《森のなかの散歩》より》
"Walk in the Forest" Love for Henri Rousseau
1967年｜油彩・カンヴァス
33.1 × 24.3 cm
姫路市立美術館蔵

3 《アンリ・ルソー《フットボールをする人々》より》
"Men Playing Football" Love for Henri Rousseau
1967年｜油彩・カンヴァス
33.1 × 24.3 cm
姫路市立美術館蔵

4 《ライオンと緑の月》
A Lion and Green Moon
1996年｜アクリル・カンヴァス
227 × 182.1 cm
作家蔵（横尾忠則現代美術館寄託）

《横尾忠則・日記 一米七〇糎のブルース（新書館）》
Tadanori Yokoo's Diary: 170 cm Blues (Shin Shokan)
1968年｜オフセット・紙｜59.7×28cm

活動の広がり　横尾忠則というメディア

自分自身がメディアとなった横尾は、その自分自身を素材に盛んに遊び出す。初エッセイ集の告知で映画スターさながらに拳銃を構えたり、軍国少年だったころに憧れた特攻隊に扮したり。一柳慧と制作したレコードでは、高倉健が「横尾忠則讃歌」を歌っている。

（篠山紀信撮影、1968年頃、東京）

《一柳慧作曲　オペラ横尾忠則を歌う。(The END Record)》
Opera "from the Works of Tadanori Yokoo" by Toshi Ichiyanagi (The END Record)
1969年｜LPレコード（2枚組）｜31.5×31.5cm

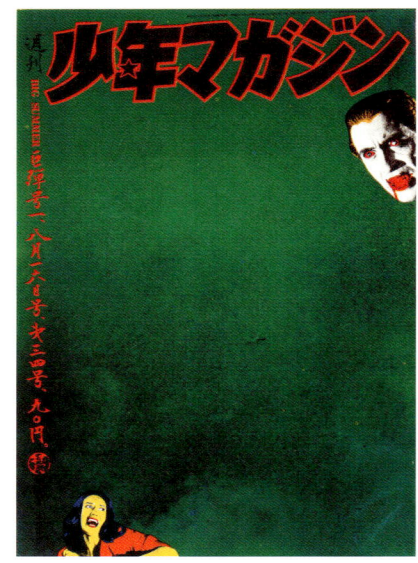
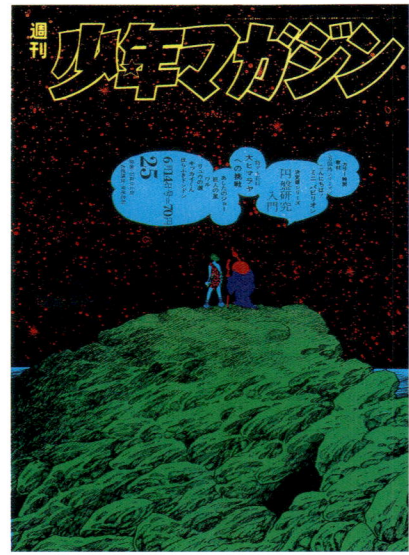

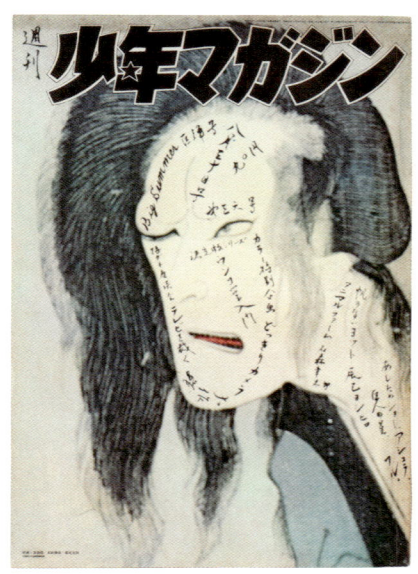

活動の広がり　横尾忠則という メディア

『週刊少年マガジン』の「巨人の星」やドラキュラ、幽霊をモチーフにした表紙、万博の真っ赤なドーム。大衆に広く知られたものにおいてこそ、横尾の諧謔や挑発がより過激になるのではないだろうか。

→《『週刊少年マガジン』（講談社）表紙》
Weekly Shonen Magazine (Kodan-sha)
1970年｜表紙デザイン

←《日本万国博覧会せんい館（日本繊維館協力会）》
Textiles Pavilion at the Expo '70 (Japan Association for Textiles Pavilion)｜1969年｜オフセット・紙｜104×77.2cm

日本万国博覧会せんい館（建築デザイン 横尾忠則）。建設中に視察に訪れた横尾の指示で、足場を残したまま公開されたせんい館の景観は、会場の中でも異彩を放っていた。

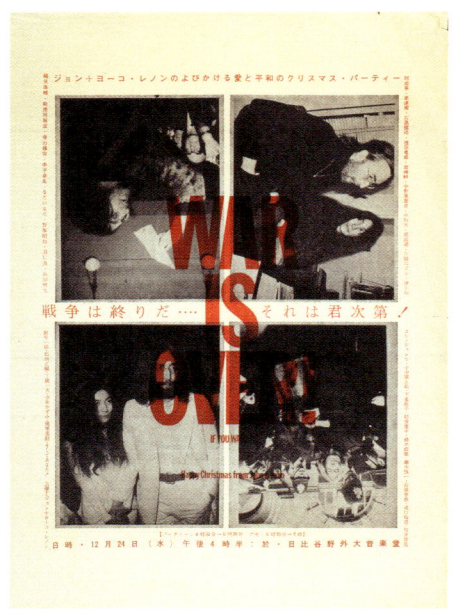

《War Is Over! ジョン＋ヨーコ・レノンのよびかける
愛と平和のクリスマス・パーティー》
War Is Over! IF YOU WANT IT.
Happy Christmas from John & Yoko
1969年｜オフセット・紙｜62.4×44.6cm

《NEW YORK（ポスター・オリジナルズ、ニューヨーク）》
New York (Poster Originals, New York)
1968年｜オフセット・紙｜84.1×60.5cm

→《WORD AND IMAGE（ニューヨーク近代美術館）》
Word and Image (The Museum of Modern Art, New York)
1968年｜シルクスクリーン・紙｜123.8×43.8cm

ニューヨークとインド

1965年に横尾が放った「自分自身のための広告」をいち早く評価したのは、ニューヨーク近代美術館だった。1967年の初渡米以降、横尾はニューヨークで多くのアーティストと交遊し、最新の文化を吸収することで、自身を一新していく。

ニューヨーク近代美術館の個展会場にて
(篠山紀信撮影、1972年、ニューヨーク)

ジョン・レノン、オノ・ヨーコと横尾、ジョン・レノンの自宅にて
(横尾忠則撮影、1971年、ニューヨーク)

(倉橋正撮影、1976年5月、インド)

ニューヨークミインド

横尾のアイドル、ビートルズがインドに旅をしたというニュースを聞いてから約10年後、1974年にようやく訪れることができたインドで、横尾は生死にかかわる根源的な問いと向き合い、作品に昇華させていった。

072・073

《チャクラⅡ》│ Chakras II │1974年
シルクスクリーン・カンヴァス│152×115cm│作家蔵

ワンダーランド　楽園を索めて

晴れわたる空の下、裸体をさらす楽園の光景は、横尾の作品にしばしば認められる。そこには幼少の頃に熱狂したターザン映画や冒険小説、ここではないどこかを求めるユートピア願望が宿っているだろう。

← 《ターザンがやってくる（緑）》
Tarzan is Coming (Green)
1974年｜シルクスクリーン・紙
102.7×72.5cm

↑ 《Wonderland》
Wonderland
1971年｜オフセット・紙
74.3×104.3cm

第3章 幻境 1981–2000

（坂田栄一郎撮影、1988年）

森羅万象の画家

1980年代に入って、横尾忠則はグラフィック・デザインから絵画へと活動領域を移す。そのきっかけとなったのは、1980年の夏にニューヨーク近代美術館でピカソの大回顧展を見たことだった。「ニューヨーク近代美術館の入口を這入った時はまだぼくはグラフィックデザイナーであったが、その二時間後出口に立った時は、例は悪いがまるで豚がハムの加工商品になって工場の出口から出てくるようにぼくは『画家』になっていたのである」(『横尾忠則自伝』)。

「画家」横尾忠則の初期の足跡は、様々な実験的な手法の連続である。激しい表現主義的な筆触、複数の画面の並置、イメージの重ね描き、鏡、文字の導入、古今東西の美術史からの引用。鏡、剥製、毛皮、骨、電飾など多種多様な異素材のコラージュ。カンヴァスの上にカンヴァスを重ね、帯状のカンヴァスを幾重にも交錯させて画面を「多次元」化し、細く裂いたカンヴァスが何本も垂れ下がる。同時代の国際的な潮流であった新表現主義の海外作家たちから刺激を受けつつ、その誰とも違うオリジナルな表現を実現することで、横尾は、「画家」としての自己を確立しようとしていたのではないだろうか。とはいえ、絵画の内的統一性を破綻させ、異様なハイブリッドを生み出すことで、絵画に革新をもたらそうとする横尾の試みは、モダニズムのグラフィック・デザインに対して1960年代の横尾のポスターが持っていた批評性と、まさに重なるものと見ることもできる。そしてじっさい、横尾の絵画のオリジナリティが、当時国際的にも高く評価されていたことは、新表現主義の絵画を総括して大きな話題となった1985年の「パリ・ビエンナーレ」(84頁)に、日本からただ一人招待出品されたことからもうかがわれるだろう。

続く1990年代に横尾の絵画は、いわば一つの成熟期を迎えることになるのだが、転機をもたらしたのは、外的であると同時に内的でもあるもの、つまり「夢」であった。1988年頃から5年ほどの間、横尾は滝をモティーフとした絵画を50点ばかり描いており、この時点では最大の連作となるのだが、そのきっかけとなったのは、夢の中に滝がなんども現れ、やがて滝の絵を描く夢さえ見るようになったことだったという。さらに、本来は絵のモティーフとするために集め始めた滝のポストカードが、13000枚という膨大な数の一大コレクションとなり、壁一面を覆うインスタレーション(90頁)へと発展していく。

夢は、自分自身の記憶や無意識の現れであるとともに、神的なものや異界からのメッセージとも解される。夢のもたらした滝というテーマを掘り下げることによって、横尾は自分自身、すなわち「私」という主題を発見したとも言えるだろう。そしてこの「私」とは、横尾がじっさいの生の中で経験したすべてのできごとや感情にとどまるものではなく、見聞きしたあらゆるイメージや映像、想像した物語や夢に見た事物や事件をも含むものであり、つまりは横尾忠則という器に注ぎ込まれ、そしてそこから流れ出していく森羅万象あらゆるものでもあるのだ。いまや横尾の筆は、すべてのものを自在に、絵画として描き出すのである。

とはいえ、横尾の幼少期の記憶やできごとに結びつくイメージは、なかでも特権的な主題であったと言えよう。両親に溺愛された幸福な記憶、戦争や戦後の情景、講談社の絵本、江戸川乱歩や南洋一郎の冒険物語、映画の中のターザンなどのモティーフは、繰り返し何度となく絵画の中に登場する。物語世界と現実の記憶に空想が入り混じり、自在に結びつきあって、驚異に満ちた画面が生み出されるのである。

死者たちの世界もまた、横尾が頻繁に立ち返る主題であった。横尾にとって、すでに鬼籍に入って久しい両親をはじめ、死者たちは懐かしい存在であるが、それとともに、死者に親しむことによって、死への恐れを克服するという側面もあったと言えよう。1990年代の後半にまとまって描かれている赤の連作もまた、空襲の炎に由来するものであるがゆえに、死の世界を含意するものにほかならないのだが、そこには血=生命の色もまた、重ね合わされている。その意味では、まさに「原郷」的世界なのかもしれない。(南雄介)

いわゆる画家宣言 画家の誕生

横尾自身が書いた「画家宣言」なるものは、じっさいには存在しない。画家になりたいから個展を開いてくれないか、という横尾の発言を聞いたジャーナリストが、横尾の「画家宣言」という見出しの記事を書いてしまったのが発端という。だからいつでも、「いわゆる画家宣言」なのである。

《画家の自画像》| *Artist by Artist*
1982年 | アクリル、ジェッソ・カンヴァス
181.8 × 227.3 cm | 富山県美術館蔵

（若木信吾撮影、1996年）

いわゆる画家宣言 画家の誕生

いわゆる画家宣言から10年。さらにまた10年。横尾はつねに画家としての「私」を確認し続けている。

← 《20年目のピカソ》| *Picasso in the 20 Years*
2001年｜油彩、コラージュ・カンヴァス
227.3×181.8cm｜東京都現代美術館蔵

↑ 《解かれた第七の封印──画家の誕生》
Breaking the Seventh Seal - Birth of the Artist｜1991年
アクリル、その他の顔料、毛皮、ベル、金属、鏡、ラバー・カンヴァス、額
197.4×268.2cm｜セゾン現代美術館蔵

富士山麓の青木ヶ原樹海で全裸パフォーマンスを行う横尾（1983年頃、山梨）

森・肉体・神話

森の中の裸体のテーマは、1970年代の横尾がグラフィック・デザインで展開していた楽園、ワンダーランドのイメージに、さらには幼少期に初めて見た映画として記憶されているターザン映画の一本にまで遡ることができる。

《Artist in Aokigahara, December 10, 1983》
Artist in Aokigahara, December 10, 1983
1984年｜油彩・カンヴァス｜181.8 × 227.3 cm｜兵庫県立美術館蔵

森・肉体・神話

1985年の「パリ・ビエンナーレ」では、日本神話をテーマに展開した大作からなる連作を出品した。この主題は、国際的な新表現主義の動向に見られた歴史や神話などの「大きな物語」の復権にも呼応するものだった。

1 《Kusanagi No Tsurugi》
Kusanagi No Tsurugi | 1985年
油彩、鏡・カンヴァス | 258.5×194.3 cm
作家蔵（横尾忠則現代美術館寄託）

2 《滝壺》 | *Pot in Waterfall*
1985-87年 | 油彩、鏡・カンヴァス
268×194 cm | セゾン現代美術館蔵

パリ・ビエンナーレ会場にて、自作前で美術雑誌の編集長（中央）および泰江夫人（右）と（1985年、パリ）

切り裂かれたカンヴァス

ドラクロワ、セザンヌ、ルソー、デ・キリコ、ピカビア……。血の河を流れていくアーティストたちを見下ろしている蓬髪の裸女は、横尾が2019年から文芸誌に連載している長篇小説「原郷の森」に登場する女神キャサリンの姿を彷彿させる。

← 《赤い叫び》| Red Scream
1983年｜アクリル、電飾・カンヴァス
240×174.8cm｜横尾忠則現代美術館蔵

↑ 《安らかに眠れ》| Rest in Peace
1987年｜油彩、布・カンヴァス
166×261cm｜作家蔵（横尾忠則現代美術館寄託）

滝 それは夢の中からやってきた

ミケランジェロの《ダヴィデ像》と葛飾北斎の《諸国滝廻り 木曽路ノ奥阿弥陀ヶ滝》、それに滝の景観が複雑に、入れ子状に組み合わされ、比類のない画面が生まれている。まさに画家・横尾忠則の力技である。

南アメリカ、イグアスの滝にて（1992年4月）

《ミケランジェロと北斎の因果関係》
Relation of Cause and Effect between Michelangelo and Hokusai
1990年 ｜ アクリル・カンヴァス ｜ 227.3 × 162.1cm ｜ 横尾忠則現代美術館蔵

滝 それは夢の中からやってきた

滝のインスタレーションでは、床を鏡面に仕上げるのが常となっている。奈落に落ち込むような気がして、足がすくんで動けなくなってしまう観客もいるという。

→《滝のインスタレーション》、
熊本市現代美術館における展示
Waterfall Installation at the
Contemporary Art Museum Kumamoto
1999/2005年｜ミクストメディア
展示サイズ可変

←《Twelve Kegon Falls》
Twelve Kegon Falls｜1991年
アクリル・ロールスクリーン
216×109cm
作家蔵（東京都現代美術館寄託）

今ハ昔

洞窟、地底の王国、海底世界……。血湧き肉躍る冒険の数々が眼前に蘇る。インファンテリズム（幼児性）こそが、芸術にとっては欠くことのできない要素であると、横尾は述べている。

3 《ニューオリンズからの使者》
Messengers from New Orleans
1994年｜アクリル・カンヴァス
227.2 × 182.2 cm
作家蔵（横尾忠則現代美術館寄託）

2 《ナポレオン、シャンバラ越え之図》
Napoleon, Across Shambala
1996年｜アクリル・カンヴァス
181.8 × 227.3 cm｜個人蔵

1 《真実が現実になる時》
When the Truth Comes True
1994年｜アクリル・カンヴァス
182.1 × 227.6 cm
作家蔵（横尾忠則現代美術館寄託）

泰江夫人と横尾、ヴェネツィアにて（泉水秀夫撮影、2000年7月）

イタリア、ボマルツォの「聖なる森（怪物庭園）」にて（泉水秀夫撮影、2000年7月）

今ハ昔

描けば描くほど「絵」じゃなくなってしまうと感じられた作品は、モティーフを描き加えた順番通りにナンバーを打つことで完成したと言う。

《実験報告》| *Experimental Report*
1996年 | 油彩・カンヴァス
194 × 194 cm | 東京都現代美術館蔵

自宅にて、所蔵するフランシス・ピカビアの作品とともに（ケイ・オガタ撮影、1995年、東京）

096・097

《二十九の瞳》| *Twenty-nine Eyes*
1995年｜油彩・カンヴァス｜162.1×130.5 cm
作家蔵（横尾忠則現代美術館寄託）

ピカビア、マン・レイ、A・カッツ、J・バートレット、J・ジョーンズ、A・ウォーホル……。自宅には、コレクションした作品、友人のアーティストから自作と交換で手に入れた作品が所狭しと並ぶ（伊藤千晴撮影、2013年、東京）

彼岸へ　懐かしい死者たち

《彼岸へ》の風景は、横尾の郷里・西脇を走る加古川線の線路。高校のクラスメートのうち、亡くなった人たちの顔が描かれているのだが、存命中の横尾自身だけは赤色になっている。右下には、死者の魂を運ぶという蛾の姿が。

《木花開耶媛の復活》
Princess Konohana Sakuya's Rebirth
1998年｜油彩、コラージュ・カンヴァス
194×194cm｜作家蔵（東京都現代美術館寄託）

2 《骨》｜Bone
1999年｜油彩・カンヴァス
163×130.3cm
作家蔵（横尾忠則現代美術館寄託）

1 《彼岸へ》｜To the Another World
2000年｜油彩・カンヴァス
90.9×72.7cm
作家蔵（東京都現代美術館寄託）

《モーツァルトの脳みそ》| *Mozart's Brain*
1996年｜アクリル・カンヴァス
116.8×117.1cm｜横尾忠則現代美術館蔵

《水の回路》| *Water Circulation*
1999年｜油彩、コラージュ・カンヴァス
227.5×182cm｜作家蔵

《運命》| *Destiny*
1997年｜アクリル・カンヴァス
227.3×181.8cm｜東京都現代美術館蔵

《天の足音》| *Heavenly Footsteps*
1996年｜アクリル・カンヴァス
227.3×181.8cm｜作家蔵（広島市現代美術館寄託）

赤の魔宮

幼少時、兵庫県の西脇に暮らしていた横尾は、山の向こうにある明石や神戸の街が空襲を受け、空が真っ赤に染まっているのを見ていたという。それが、赤の世界を死と結びつける原点だった。

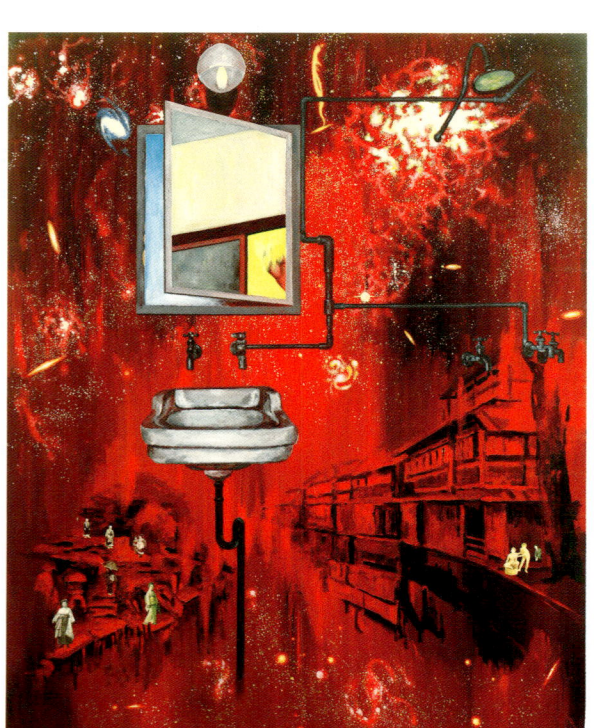

《アマデウス369》| *Amadeus 369*
1997年｜油彩、アクリル・カンヴァス
72.6×60.5cm｜個人蔵

《水のある赤い風景》| *Red Landscape with Water*
1996年｜アクリル・カンヴァス
145.5×112.5cm｜作家蔵（横尾忠則現代美術館寄託）

《星を翔ける男》| *Man Flying into the Star*
1996年｜アクリル・カンヴァス
117.2×117.2cm｜作家蔵

《死の島でY氏の死の幻想を見たターザン》
Tarzan Saw an Illusion of Mr. Y's Death at Death Island
2000年｜油彩、コラージュ・カンヴァス
162.2×130.7cm｜作家蔵（横尾忠則現代美術館寄託）

第4章 2000—現在

(写真：池田晶紀
photo: Masanori Ikeda
2018年頃)

Y字路の彼方に原郷を訪ねる

2000年以降の横尾忠則の絵画の展開に大きな比重を占める「Y字路」シリーズは、横尾の郷里・西脇での体験から生まれた。Y字路（三叉路）の角にあり、子どもの頃よく通った模型屋が取り壊されたことを聞いた横尾は、その場所を訪ねて何気なく写真に撮るのだが、後日見直してしまったく見覚えのない風景であることに驚く。こうして、夜のY字路の写真を忠実にカンヴァスに写し取った「Y字路」シリーズが開始された（106頁）。ひと気のない夜の町並みには、いつかどこかで通り過ぎたことがあるような既視感と決定的なよそよそしさとが同居している。人生の半ばで、まさに岐路に立たされているかのような不安感。「Y字路」シリーズは、横尾個人の記憶から立ち現れた幻とともに、バブル後の沈滞する現代日本の闇に浮かぶ昭和的世界の亡霊をも描き出している。

とはいえ横尾は、夜のY字路にとどまりはしない。「Y字路」連作は、カラフルな昼間の情景としても描かれ、さらには多くの登場人物を召喚し、冒険や温泉、死の島など、横尾が次々と手がけるテーマや連作とも結びついて、豊かなヴァリエーションを生んでいく（112－115頁）。森羅万象あらゆるイメージを受け止めるY字路は、いまや横尾絵画の一種のマトリックスとなった。Y字路という強力なモティーフをトレードマークとすることで、横尾の絵画は、これまで以上に自由な展開が可能となったのである。2000年代の作品は、スタイルにおいてもテーマにおいても、それほどに融通無碍で自由奔放な様相を見せているのだ。

この意味で、特に注目すべきなのが、反復と変奏である。これは、1966年の絵画による最初の個展に出品された「ピンクガールズ」の連作（52－53頁）が、模写、パロディ、パスティーシュ、変奏など、様々な形で反復されているのに典型的に示されている（11 6－117頁）。ルソーのパロディ、デルヴォーの《こだま》やアラビア風の恋人たちのヴァリエーション（118－119頁）、自作の様々な再解釈などを加えることもできよう。そこには、ひとつのモティーフを様々なスタイルで描き出すことに対する関心もさることながら、モダニズム芸術を支えてきたオリジナリティという規範に対する挑戦をも見て取ることができる。すなわち、独創性や斬新さを何よりも称揚してきたモダニズム芸術においては、自己反復や自己模倣は、創造性の枯渇の徴として禁忌とされてきたのだが、横尾はこれを軽やかに嘲弄しているのだ。幼児性、インファンティリズムこそが芸術創造の根源にあると述べる横尾は、裸の王様を笑う子どものように、芸術を支えてきた規範や制度を疑い、だれもやらない、禁じられていることだからこそ、あえて試みるのである。

その一方、2000年代に入り、横尾の芸術に対する評価が進み、全国の美術館で様々なテーマのもと、大規模な個展が相次いで開催されるようになった。2006年のカルティエ現代美術財団（パリ）での個展を皮切りに、海外での展観も数多い。70歳を超えて「隠居宣言」（2007年）をした横尾であるが、逆にその仕事の幅はさらに広がりをみせている。小説『ぶるうらんど』が高く評価され、泉鏡花文学賞を受賞したのもその一例である。

2019年には長篇小説「原郷の森」の連載を開始するとともに、「B29と原郷」と題した個展を開催した。「原郷」とは、心身の故郷や原風景といった意味ではなく、すべての人間の魂のふるさと、人が生まれる前に属しており、死後の魂が集うところを指しているる。これは、語本来の意味ではなく、横尾が独自に与えた語義であり、そのことからも横尾の強い思いが感じられるだろう。絵画作品では、筆致がより大きく自由になり、見る人を包み込むような豊かな絵画空間が生み出されている。「全身画家」としての横尾の力量と本質が露わになるにつれ、その作品はいよいよ魅力を増しているようだ。

そして2020年5月。新型コロナウィルスの感染拡大を受けて、横尾は自分の作品や写真を素材に、マスクをコラージュした「WITH CORONA」シリーズをTwitterで発信し始めた。コロナウィルスとともにあることで、芸術家の創造性は刺激されると横尾は述べる。長年テーマとしてきた「死」を、より具体的に、身近に実感するからだろうか。80歳をゆうに超えて、なお新たな創造へと向かう横尾。まさに、「人生にはゴールが無い」。

（南雄介）

Y字路

106・107

郷里の西脇で、子どもの頃に通った模型屋が取り壊された後の景観を写真に撮ったここから始まったY字路の絵画は、総数150点以上におよぶ、横尾の作品の中でも最大規模の連作に発展した。

ありし日の「ホビイ模型」。
横尾が子どもの頃よく通った、西脇のY字路の角にあった模型屋である。(写真提供 富永信義)

《暗夜光路　N市-I》
A Dark Night's Flashing: N City-I
2000年｜アクリル・カンヴァス
72.7×90.9cm
横尾忠則現代美術館蔵

《暗夜光路　N市-II》
A Dark Night's Flashing: N City-II
2000年｜アクリル・カンヴァス
72.7×90.9cm｜個人蔵、
東京（横尾忠則現代美術館寄託）

《暗夜光路　赤い闇から》
A Dark Night's Flashing: From the Red Darkness
2001年｜油彩・カンヴァス
181.8 × 259 cm｜東京都現代美術館蔵

Y字路

Y字路の光景は、いつかどこかで見かけたような既視感を漂わせるとともに、見知らぬ街角のよそよそしさに触れた、子どもの頃の不安な感覚を思い起こさせる。濡れた路面に光を映した雨のY字路は、横尾が好んで描いているモティーフである。

《魂と肉体の交差》
Crossing of Soul and Body
2002年｜油彩・カンヴァス
130.3×162.1cm
日本テレビ放送網株式会社蔵

1 《朱い水蒸気》｜*Red Vapor*
2002年｜油彩・カンヴァス
130.3×162.1cm
作家蔵（横尾忠則現代美術館寄託）

2 《経験的現象》
Empirical Phenomenon
2002年｜油彩・カンヴァス
130.3×162.1cm｜個人蔵

Y字路

110・111

横尾自身の撮影による写真連作「東京Y字路」は、ありふれた光景を写していながら、不穏な気配を発散している。

カメラを構える横尾（1999年頃）

1　写真集『東京Y字路』より
　（横尾忠則撮影、2008年、東京都豊島区）

2　写真集『東京Y字路』より
　（横尾忠則撮影、2007年、東京都渋谷区）

↓　写真集『東京Y字路』より
　（横尾忠則撮影、2007年、東京都渋谷区）

1

2

《下田幻想》| *Shimoda Fantasy*
2007年｜油彩・カンヴァス
131×162 cm｜作家蔵

《赤い故郷》| *My Home Town in Red*
2008年｜アクリル・カンヴァス｜181.9 × 227.7 cm
作家蔵（横尾忠則現代美術館寄託）

113

Y字路

《想い出劇場》では、山梨県の石和温泉に行った際のエピソードがインデックス的に展開されている。《如何に生きるか》の線路には、英語で「何を描くかでも、どう描くかでもなく、如何に生きるかだ」と記されている。

↑ 《如何に生きるか》
It's How to Live｜2012年
油彩・カンヴァス｜116.5×116.5cm
作家蔵（横尾忠則現代美術館寄託）

→ 《想い出劇場》｜Memorial Theater
2007年｜アクリル、グワッシュ・カンヴァス
116.7×90.9cm
吉岡宏敏氏蔵（横尾忠則現代美術館寄託）

《銭湯》| *Bathhouse*
2002年｜油彩・カンヴァス
90.9×72.7cm｜京都国立近代美術館蔵

《描き忘れた城壁の窓》
Forgotten Windows on the Castle Wall
2011年｜アクリル・カンヴァス｜50×60.6cm

《人生にはゴールが無い》| *No Goal for Life*
2005年｜油彩、アクリル・カンヴァス
162.1×162.1cm｜国立国際美術館蔵

反復と変奏

《お堀》(1966年)こそその49年後に描かれた姉妹たち。「人生にはゴールが無い」。だから彼女たちはいまだに泳ぎ続けているのかもしれない。

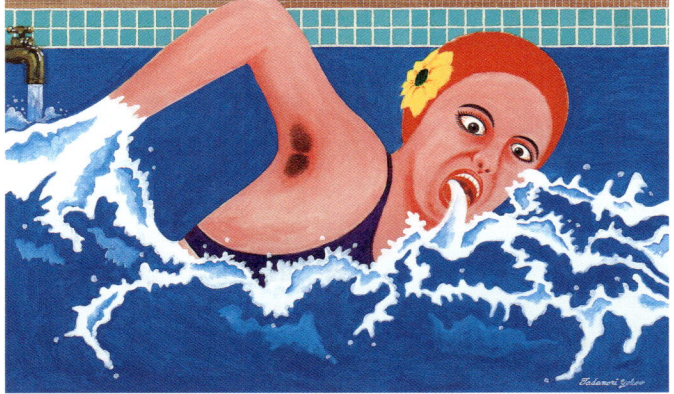

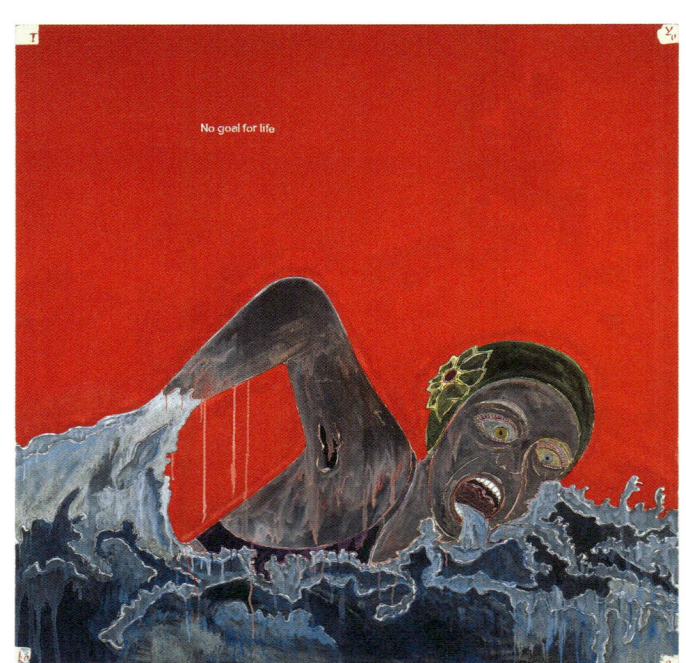

《海を泳ぐ》｜*Swimming in the Sea*
2012年｜アクリル・カンヴァス
37.9×45.5cm｜作家蔵

《お堀 part II》｜*Moat Part II*
2005年｜アクリル・カンヴァス
53×65.2cm｜黒河内俊氏蔵

《49年後》｜*49 Years Later*
2014年｜アクリル・カンヴァス
45.5×53cm｜個人蔵

《お堀 part III》｜*Moat Part III*
2005年｜アクリル・カンヴァス
45.5×53cm｜個人蔵

反復と変奏

無声映画のスター、ルドルフ・ヴァレンティノの遺作「熱砂の舞」(1926年)におけるヴァレンティノとヴィルマ・バンキーの抱擁シーンを、トニー・カーティスとナタリー・ウッドが再現した写真(1963年)に基づく連作。抽象と具象、様々なスタイルのハイブリッド。

← 《愛のアラベスク》
Love Arabesque
2012年
油彩・カンヴァス
103×72.8cm
作家蔵

《エキゾチズム》| Exoticism
2015年|油彩・カンヴァス
116.7×90.9cm
作家蔵(横尾忠則現代美術館寄託)

《RK 2》| RK 2
2015年|アクリル・カンヴァス
116.7×90.9cm|作家蔵

《アラビアン・ドリーム A・N》| Arabian Dream A・N
2015年|アクリル・カンヴァス
116.7×90.9cm|作家蔵

《アラビアン・ドリーム A Desert under the Moon》
Arabian Dream A Desert under the Moon
2015年|アクリル・カンヴァス
116.7×90.9cm|作家蔵

熊本市現代美術館での公開制作（2005年）

兵庫県立美術館での公開制作（2008年）

アトリエにて（森山大道撮影、2006年、東京）

Y字路の彼方へ 新たなる冒険

夜空に、川面に、海中に、星空のきらめきを横尾は繰り返し描いている。

《城崎幻想》| *Kinosaki Fantasy*
2006年｜油彩・カンヴァス
227.3 × 181.8 cm｜作家蔵（横尾忠則現代美術館寄託）

《ジュール・ヴェルヌの海》| *Jules Verne's Ocean*
2006年 | アクリル・カンヴァス
227.3×181.3cm | 世田谷美術館蔵

Y字路の彼方へ 新たなる冒険

美術史からの自在な引用を見つけ出すのは、横尾の作品を見る楽しみの一つだ。あなたはいくつ発見することができるだろうか。

《人生浴場》| Life Baththeater
2004年 | 油彩・カンヴァス
227.2×182.3cm | 作家蔵（横尾忠則現代美術館寄託）

《A.W. misses M.D.》 | *A.W. misses M.D.*
2014年 | アクリル・カンヴァス
227×182.7cm | 国立国際美術館蔵

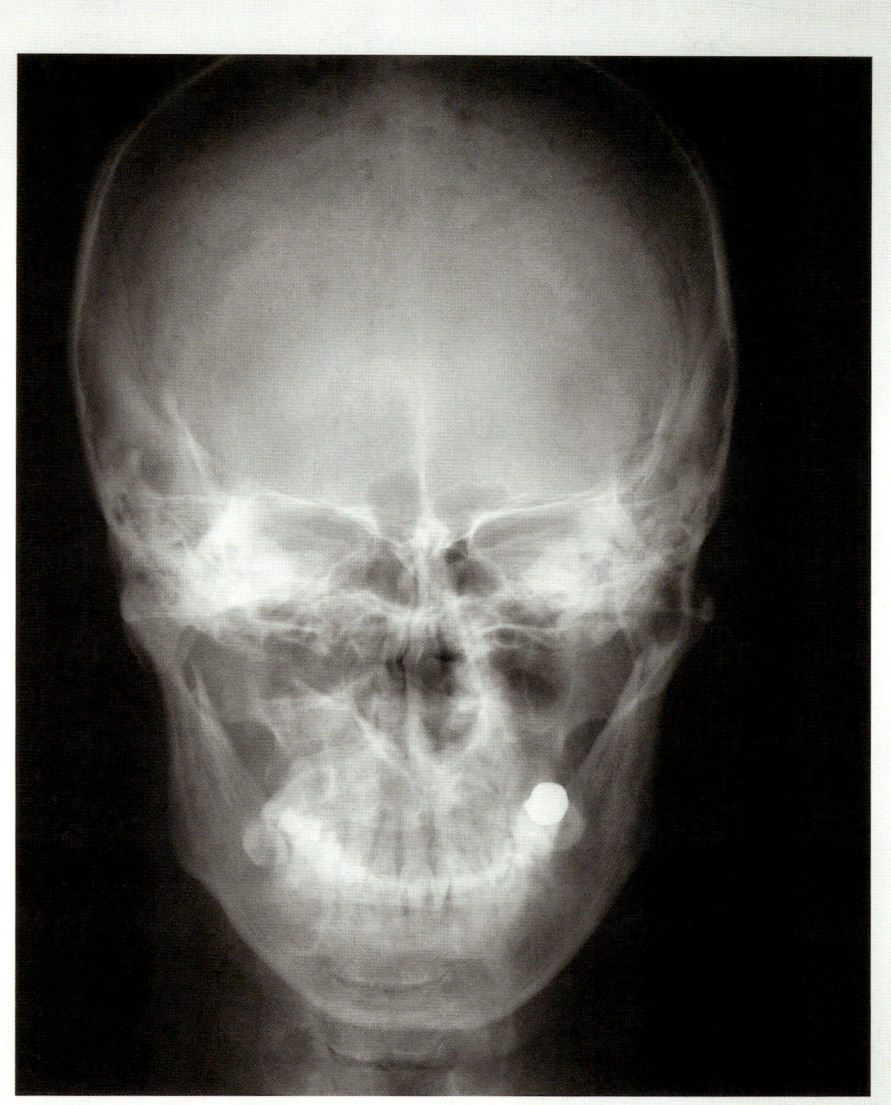

ヴィジュアル系のメイクをした横尾（撮影：小松陽祐 Yosuke Komatsu (ODD JOB LTD)、1999年）

横尾の頭部のレントゲン写真（2001年）

126・127

魅死魔
幽鬼男

T.Y.

肖像図鑑

瀬戸内寂聴の新聞連載「奇縁まんだら」の挿絵から始まった肖像画のシリーズは、「日本の作家222」や「カルティエ そこに集いし者」へと展開していった。三島由紀夫、澁澤龍彦、谷崎潤一郎、川端康成の4人は、横尾の小説「原郷の森」のレギュラー級の登場人物たちでもある。

《谷崎潤一郎2》｜ *Tanizaki Junichiro 2*
2007年｜アクリル・カンヴァス
33.4×24.3cm｜作家蔵

《澁澤龍彦》｜ *Shibusawa Tatsuhiko*
2009年｜アクリル・カンヴァス
33.4×24.3cm｜作家蔵

《川端康成1》｜ *Kawabata Yasunari 1*
2007年｜アクリル・カンヴァス
33.4×24.3cm｜作家蔵

《江戸川乱歩》｜ *Edogawa Rampo*
2009年｜アクリル・カンヴァス
33.4×24.3cm｜作家蔵

《三島由紀夫3》｜ *Mishima Yukio 3*
2007年｜アクリル・カンヴァス
33.4×24.3cm｜作家蔵

謎の女

横尾の郷里である西脇は、綿織物の産地として栄えた町で、輸出用の織物につけられたラベルの女性像を描いたラベルは、少年時代の横尾が初めて触れたアメリカン・ポップ・アイコンだった。様々なオブジェで顔を隠された女たちは、一転、異界からの使者のような相貌を示し始める。

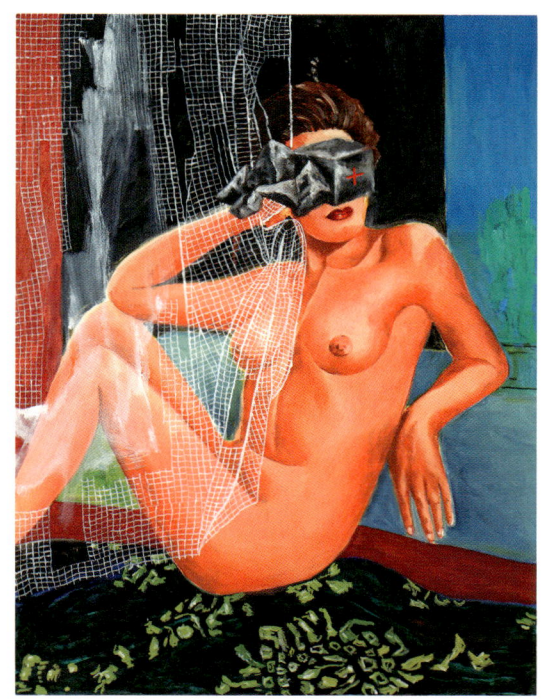

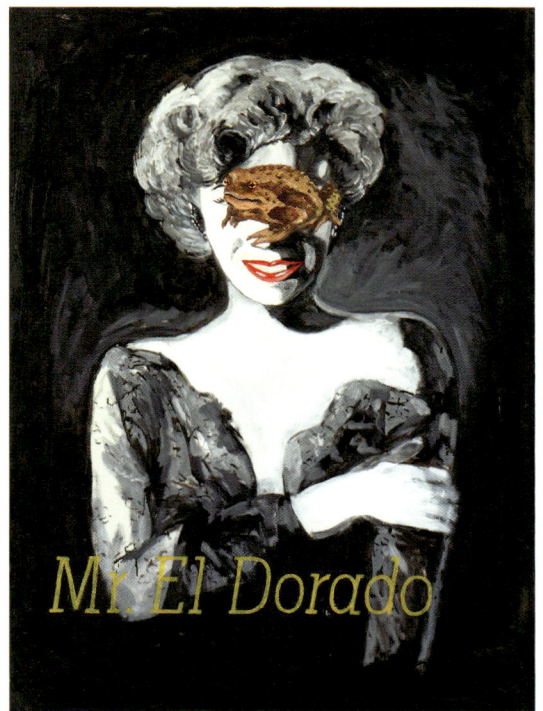

《石と女》| Woman with Stone
2017年｜油彩・カンヴァス｜130.3×97cm
作家蔵（横尾忠則現代美術館寄託）

《キャベツの女》| Woman with Cabbage
2017年｜油彩・カンヴァス｜116.7×91cm
作家蔵（横尾忠則現代美術館寄託）

《ヒキガエルと女》| Woman with Toad
2017年｜油彩・カンヴァス｜100×72.7cm
作家蔵（横尾忠則現代美術館寄託）

《エジソンと点滴》| Edison and Drip
2018年｜油彩・カンヴァス｜130.3×97cm
作家蔵（横尾忠則現代美術館寄託）

《トイレットペーパーと女》
Woman with Toilet Paper
2017年｜油彩・カンヴァス｜125×100cm
作家蔵（横尾忠則現代美術館寄託）

→ 豊島横尾館（香川県）

→ 豊島横尾館（今井智己撮影、2018年、香川県）

← 横尾忠則現代美術館（兵庫県神戸市）

横尾忠則現代美術館、豊島横尾館

2010年代に入って、横尾忠則現代美術館（2012年開館）、豊島横尾館（2013年開館）という二つの個人美術館がオープンした。前者が、横尾作品の一大コレクションとアーカイブを持ち、様々な展覧会を通じて多面的な横尾の姿を提示し続けているのに対し、後者は、死のイメージに満ちた葬儀のための館として構想され、館全体が一つのインスタレーションとして体験されるように作られている。

原郷の森

涙を流すマッカーサーと"Ah, So"の文字。それは昭和天皇の口癖ではなかっただろうか。昭和天皇とマッカーサーの会見から戦後日本は始まる。戦時中の流行歌「支那の夜」を歌った渡辺はま子の祖父は、アメリカ人だった。

《戦争の涙》| *Tears of War*
2009年｜油彩・カンヴァス（2枚組）
162.1×162.3cm
作家蔵（横尾忠則現代美術館寄託）

アトリエにて(レスリー・キー撮影、2017年、東京)

原郷の森

故郷・西脇のY字路、B29、空襲で真っ赤に燃える空、進駐軍のMP、行水をする義母、古代シュメールの王ギルガメッシュ、空から降ってくるビラ、横尾の新聞記事……。夢の中のように、奇妙な因果関係に支配された世界。

《ギルガメッシュとMP》| Gilgamesh and MP
2019年 | 油彩・カンヴァス
145.5×112cm | 作家蔵（横尾忠則現代美術館寄託）

《回転する家》| *Rotating House*
2018年 | 油彩、新聞紙・カンヴァス
162.1×130.3 cm | 作家蔵(横尾忠則現代美術館寄託)

《原郷》| Homeland
2019年｜油彩・カンヴァス
181.8 × 227.3 cm｜作家蔵（横尾忠則現代美術館寄託）

《追憶あれこれ》| *Various Recollections*
2019年｜油彩・カンヴァス
181.8×227.3cm｜作家蔵（横尾忠則現代美術館寄託）

原郷の森

荒々しい表現主義的な筆触の巨大な自画像は、力強いとともに内省的でもある。最後に加えられた首吊り縄は、1965年のポスター作品《TADANORI YOKOO》(45頁)を連想させる。

← 《T+Y自画像》| *T+Y Self-portrait*
2018年｜油彩・カンヴァス
227.3×181.8cm｜個人蔵

↑ 《突発性難聴になった日》| *Day of Sudden Deafness*
2019年｜油彩、アクリル・カンヴァス（2枚組）
100×172.5cm｜作家蔵（右画面のみ横尾忠則現代美術館寄託）

原郷の森

曾我蕭白の《寒山拾得図》にインスピレーションを得て、襖絵に擬して描かれた二連画(ディプティック)。詩僧寒山を表す持物である巻子はトイレットペーパーに、同じく拾得の箒は掃除機に、それぞれ変換されている。

《寒山拾得2020》
Hanshan and Shide 2020 | 2019年
油彩、襖の引手・カンヴァス（2枚組）
各193.9×112.1cm｜作家蔵

原郷の森

天岩戸の前で踊るアメノウズメは、横尾を囲む宴席の写真と稲垣浩監督の映画「日本誕生」（1959年）のシーンとを下敷きに描かれた。トイレットペーパーをひるがえらせる寒山と掃除機を持つ拾得が、ここにも登場している。

《最初の晩餐》｜*The First Supper*
2020年｜油彩・カンヴァス｜162.1×130.3cm
作家蔵

- 『人工庭園』文藝春秋　2008年4月
[自作とそれに関するエッセイを収録]
- 『ぶるうらんど』文藝春秋　2008年4月［小説集］
[文庫版]『ぶるうらんど　横尾忠則幻想小説集』
中公文庫　2013年8月［『ぶるうらんど』
および『ポルト・リガトの館』所収の短篇を
合わせて1冊に編集した文庫版］
- 『冒険王・横尾忠則』国書刊行会　2008年4月
[展覧会図録]
- 狩野博幸、横尾忠則『無頼の画家　曾我蕭白』
新潮社　とんぼの本　2009年1月
[蕭白に関するエッセイを収録]
- 瀬戸内寂聴著、横尾忠則画『奇縁まんだら　続』
日本経済新聞出版社　2009年5月
- 『未完の横尾忠則——君のものは僕のもの、
僕のものは僕のもの』美術出版社　2009年8月
[展覧会図録]
- 『東京Y字路』国書刊行会　2009年10月
[東京のY字路の写真集]
- 『ポルト・リガトの館』文藝春秋　2010年3月
[小説集]
- 『猫背の目線』日本経済新聞出版社　2010年7月
[体や散歩に関するエッセイを収録]
- 『横尾忠則全ポスター』国書刊行会　2010年7月
[全ポスター約900点を収録]
- 瀬戸内寂聴著、横尾忠則画『奇縁まんだら
続の二』日本経済新聞出版社　2010年11月
- 『横尾忠則　絵人百九面相』岡山県立美術館、
高知県立美術館　2011年6月［展覧会図録］
- 『ツイッター、その　雑念のゴミばこ』角川書店
2011年9月［2010-11年のTwitterを収録］
- 瀬戸内寂聴著、横尾忠則画『奇縁まんだら　終り』
日本経済新聞出版社　2011年12月
- 『横尾忠則コラージュ　1972-2012』国書刊行会
2012年9月［全コラージュ約100点を収録］
- 『開館記念展I　横尾忠則展　反反復復反復』
横尾忠則現代美術館　2012年11月［展覧会図録］
- 『gggBooks別冊8　横尾劇場——演劇・映画・
コンサートポスター』財団法人DNP文化振興財団
2012年11月［作品集］
- 『横尾忠則　ラッピング電車 故郷を走る』
淡交社　2012年12月［2004-12年、
JR加古川線ラッピング電車全4号と計画のみに
終わった5号、6号を掲載］
- 『開館記念展II　横尾忠則展　ワード・イン・
アート——字は絵のごとく　絵は字のごとく』
横尾忠則現代美術館　2013年3月［展覧会図録］
- 『横尾忠則全装幀集』パイインターナショナル
2013年6月［1957-2012年の装幀を
コメント付きで収録］
- 横尾忠則絵、穂村弘文『えほん・どうぶつ図鑑』
芸術新聞社　2013年7月［動物を描いた作品を
収録］
- 『日本の作家222』日本経済新聞出版社
2013年8月［日本の作家の肖像画を収録］
- 『別冊太陽　横尾忠則　芸術にゴールはない』
平凡社　2013年9月［誕生から現在までを
自伝的に作品で辿る］
- 『横尾忠則　肖像図鑑』横尾忠則現代美術館、
川崎市市民ミュージアム　2013年9月
[展覧会図録]
- 『横尾忠則の「昭和NIPPON」——反復・連鎖・
転移』横尾忠則展実行委員会、
横尾忠則現代美術館　2013年9月［展覧会図録］
- 『横尾忠則　感応する風景』兵庫県立美術館
2013年10月［展覧会図録］
- 『ぬりえ・横尾探検隊』芸術新聞社　2014年4月
[「横尾探検隊　LOST IN YOKOO JUNGLE」展
出品作を収録]
- 『絵画の向こう側・ぼくの内側——未完への旅』
岩波書店　2014年6月［絵画や創造をめぐる
エッセイを収録］
- 『阪神・淡路大震災20年展 横尾忠則展
枠と水平線と…グラフィック・ワークを超えて』
横尾忠則現代美術館　2014年7月［展覧会図録］
- 『記憶の遠近術〜篠山紀信、横尾忠則を撮る』
芸術新聞社　2014年10月［展覧会図録］
- 『横尾忠則の地底旅行』国書刊行会
2014年10月［展覧会図録］
- 『阪神・淡路大震災20年展　横尾忠則
大涅槃展』横尾忠則現代美術館　2015年1月
[展覧会図録]
- 『横尾忠則展　カット＆ペースト　切った
貼ったの大立ち回り』横尾忠則現代美術館
2015年4月［展覧会図録］
- 『横尾忠則　全Y字路』岩波書店　2015年8月
[Y字路作品約150点を収録]
- 『言葉を離れる』青土社　2015年10月［2011-
14年のエッセイを収録、語り下ろし等を追加］
- 横尾忠則、保坂和志、磯崎憲一郎著
『アトリエ会議』河出書房新社　2015年12月
[横尾アトリエでの鼎談を収録]
- 横尾忠則、瀬戸内寂聴原作『幻花幻想幻画譚』
国書刊行会　2015年12月［小説『幻花』の
挿画を収録］
- 『横尾忠則　迷画感応術』公益財団法人
彫刻の森芸術文化財団 箱根彫刻の森美術館
2016年3月［展覧会図録］
- 『横尾忠則展　わたしのポップと戦争』
横尾忠則現代美術館　2016年4月［展覧会図録］
- 『千夜一夜日記』日本経済新聞出版社
2016年6月［2013-16年の日記を収録］
- 『死なないつもり』ポプラ社　2016年10月
[人生と創作に関する語り下ろし]
- [中国語訳版]『人生唯一不變的就是變』
時報文化出版社、台湾　2018年9月
- 『ヨコオ・マニアリスム vol.1』現代企画室
2016年11月［展覧会図録］
- 『ようこそ！横尾温泉郷』横尾忠則現代美術館
2016年12月［展覧会図録］
- 『横尾忠則全版画　HANGA JUNGLE』国書刊行会
2017年4月［全版画作品約260点を収録］
- 『開館5周年記念展　ヨコオ・ワールド・ツアー』
横尾忠則現代美術館　2017年4月［展覧会図録］
- 『本を読むのが苦手な僕はこんなふうに
本を読んできた』光文社　2017年7月
［2009-17年の書評を収録］
- 『横尾忠則　十和田ロマン展　POP IT ALL』
十和田市現代美術館　2017年8月［展覧会図録］
- 『創造＆老年　横尾忠則と9人の生涯現役
クリエーターによる対談集』SBクリエイティブ
2018年1月［80歳以上の現役クリエーターとの
対談集］
- [中国語訳版]『横尾忠則×九位經典創作者的
生命對話』大田出版有限公司、台湾　2019年5月
- 『開館5周年記念展　横尾忠則の冥土旅行』
横尾忠則現代美術館　2018年2月［展覧会図録］
- 『横尾忠則　画家の肖像』横尾忠則現代美術館
2018年5月［展覧会図録］
- 『アホになる修行　横尾忠則言葉集』イースト・
プレス　2018年7月［エッセイ、対談等から
引用した言葉集］
- 『横尾忠則　在庫一掃大放出展』
横尾忠則現代美術館　2018年9月［展覧会図録］
- 『Tadanori Yokoo: Fondation Cartier—
The Inhabitants　横尾忠則：カルティエ
そこに集いし者』国書刊行会　2018年12月
［カルティエ現代美術財団ゆかりの芸術家たちの
肖像画を収録］
- 『横尾忠則　西脇幻想展——光るまち・光る記憶
——』西脇市岡之山美術館　2019年1月
[展覧会図録]
- 『横尾忠則　大公開制作劇場〜本日、美術館で
事件を起こす』横尾忠則現代美術館　2019年1月
[展覧会図録]
- 『知日：一本全解！横尾忠則』中信出版集團、中国
2019年2月［人物像や作品を多角的に紹介］
- 『豊島横尾館ガイド』河出書房新社　2019年4月
- 『人食いザメと金髪美女——笑う横尾忠則展』
横尾忠則現代美術館　2019年5月［展覧会図録］
- 『横尾忠則　自我自損展 ゲスト・キュレーター：
横尾忠則』横尾忠則現代美術館　2019年9月
[展覧会図録]
- 『兵庫県立横尾救急病院展』横尾忠則現代美術館
2020年2月［展覧会図録］
- 『タマ、帰っておいで』講談社　2020年3月
[亡き愛猫タマを描いた絵画を収録]
- 『横尾忠則　創作の秘宝日記』文藝春秋
2020年9月［2016-20年の日記を収録］

- 『横尾忠則　スピリチュアル・ポップ　1994 with Love ドキュメント』同朋社出版　1994年8月［展覧会図録と記録］
- 『アイデア別冊　横尾忠則の全ポスター』誠文堂新光社　1994年9月［1953-94年のポスター作品を収録］［新装版］アイデア編集部編『横尾忠則の全ポスター』誠文堂新光社　1995年6月
- 『横尾忠則　日記人生』マドラ出版　1995年6月［1982-95年の日記から365日分を選んで1年に編集］
- 『横尾忠則　三日月旅行』翔泳社　1995年11月［1994年のニューオリンズでの個展をめぐる体験記］
- 『横尾忠則自伝「私」という物語　1960-1984』文藝春秋　1995年11月［1960-84年の自伝］［文庫版］『波乱へ!!　横尾忠則自伝』文春文庫　1998年11月［新装・文庫版］『ぼくなりの遊び方、生き方　横尾忠則自伝』ちくま文庫　2015年3月［再編集］［『波乱へ!!　横尾忠則自伝』の中国語訳版］『海海人生!!　横尾忠則自傳』臉譜出版、台湾　2013年1月
- 『瀧狂　横尾忠則Collection中毒』新潮社　1996年3月［滝のポストカードのコレクション等を収録］
- 横尾忠則、難波英夫監修『横尾忠則全絵画』平凡社　1996年4月［1966-96年の絵画作品を収録］
- 横尾忠則、安河内盍治写真『家族狂　横尾忠則Collection中毒』新潮社　1996年9月［1958-96年の家族写真を収録］
- 『私への帰還――横尾忠則美術館1966-1997』「私への帰還――横尾忠則美術館1966-1997」展実行委員会　1997年4月［展覧会図録］
- 『朝日美術館　日本編9　横尾忠則』朝日新聞社　1997年5月［1966-97年の主要作品を収録］
- 『名画感応術　神の贈り物を歓ぶ』光文社知恵の森文庫　1997年6月［西洋美術の作品に関するエッセイを収録］
- 『横尾忠則　世界のグラフィックデザイン28』ギンザ・グラフィック・ギャラリー　1997年6月［作品集］
- 『東京見おさめレクイエム』朝日新聞社　1997年10月［1995-96年の東京をめぐる挿絵入りエッセイを収録］［文庫版］光文社知恵の森文庫　2000年6月［再編集］
- 『夢枕』日本放送出版協会　1998年12月［夢に関するエッセイとドローイングを収録］［新装版］日本放送出版協会　2009年
- 『異路倫』作品社　1998年12月［1992-98年のエッセイを収録］
- 『大有』作品社　1998年12月［1995-98年の日記を収録］
- 『涅槃境』新潮社　1998年12月［オダリスクと涅槃像のコレクションを収録］
- 『死の向こうへ』PHP研究所　1998年12月［死に関する語り下ろし］［文庫版］光文社知恵の森文庫　2008年11月［再編集］
- 『私という迷宮　横尾忠則の世界』アスキー　1999年1月［CD-ROMと本による作品集］
- 『横尾忠則の仕事と周辺――ニューヨーク→チェコ駆け足旅行記』六耀社　1999年1月［1998年6月の旅行記］
- 横尾忠則編集長『横尾忠則マガジンVOL.1特集　目を開く』平凡社　1999年1月
- 『Photo Photo Everyday』筑摩書房　1999年3月［1996年1年間の日記を写真等を交えて収録］
- 横尾忠則編集長『横尾忠則マガジンVOL.2特集　耳を立てる』平凡社　1999年6月
- 横尾忠則編集長『横尾忠則マガジンVOL.3特集　口をあける』平凡社　1999年10月
- 横尾忠則構成『別冊太陽　子どもの昭和史　新世紀少年密林大画報』平凡社　1999年11月
- 横尾忠則編集長『横尾忠則マガジンVOL.4特集　ハナやかなる人生』平凡社　2000年3月
- 『横尾忠則ポスタア藝術』実業之日本社　2000年5月［1995-2000年のポスター作品を収録］
- 横尾忠則構成『郵便少年横尾忠則』角川春樹事務所　2000年5月［様々な人物から横尾宛に送られた葉書を収録］
- 横尾忠則編集長『横尾忠則マガジンVOL.5特集　触ってみたい』平凡社　2000年7月
- 『晴のち晴』小学館　2000年8月［1999-2000年のエッセイを収録］
- 横尾忠則編集長『横尾忠則マガジンVOL.6特集　第六感に死す』平凡社　2000年12月
- 『横尾忠則　赤の魔笛』朝日新聞社　2000年1月［1987-2000年の絵画作品を収録］
- 『コブナ少年　十代の物語』文藝春秋　2001年3月［1936-59年の自伝］［文庫版］『コブナ少年　横尾忠則十代の自伝』文春文庫　2004年1月
- 『横尾忠則　二つの境域』富山県立近代美術館　2001年5月［展覧会図録］
- 『名画　裸婦感応術』光文社知恵の森文庫　2001年6月［1998-99年の名画に関するエッセイを収録］
- 『横尾忠則展　RED PAINTING』コンチネンタル貿易　2001年8月［作品集］
- 『横尾忠則対談集／芸術ウソつかない』平凡社　2001年9月［1998-2001年の対談を収録］［文庫版］ちくま文庫　2011年5月
- ［中国語訳版］『藝術不撒謊』文化発展出版社有限公司、中国　2019年5月
- 『イメージの越境者　YOKOO TADANORI/FREE SOUL WEEK』原美術館、美術出版社　2001年10月［フリーダイアリーの型式をとった、「横尾忠則作　暗夜光路」展の図録］
- TADANORI YOKOO SELECTED POSTERS 116, amus art press, 2001.10 ［1965-2001年の主要ポスター作品を収録］
- 『横尾流現代美術　私の謎を解き明かす』平凡社新書　2002年7月［芸術に関する語り下ろし］
- 『横尾忠則　森羅万象』美術出版社　2002年8月［展覧会図録］
- 『捨てるVS拾う――私の肯定的条件と否定的条件』NHK出版　2003年1月［横尾が選んだ二項対立を列記］
- 『横尾byヨコオ：描くことの快楽――イメージの遍歴と再生』京都国立近代美術館　2003年7月［展覧会図録］
- 『横尾忠則――熊本・ブエノスアイレス化計画』熊本市現代美術館　2005年1月［展覧会図録］
- 『横尾忠則が招待する　イッセイミヤケパリコレクション1977→1999』富山県立近代美術館　2005年7月［展覧会図録］
- 『横尾忠則　Y字路』東方出版　2006年1月［Y字路の連作を収録した作品集］
- 『病の神様　横尾忠則の超・病気克服術』文藝春秋　2006年4月［病に関するエッセイを収録］［文庫版］文春文庫　2009年3月［再編集］［新書版］『病気のご利益』ポプラ社　2020年2月［再編集］
- TADANORI YOKOO, Fondation Cartier pour l'art contemporain, Themes and Hudson 2006.5［展覧会図録］
- 『悩みも迷いも若者の特技だと思えば気にすることないですよ。皆そうして大人になっていくわけだから、ぼくなんかも悩みと迷いの天才だったですよ。悩みも迷いもないところには進歩もないと思って好きな仕事なら何でもいい。見つけてやって下さい。』勉誠出版　2007年7月［2001-07年のブログを収録］
- 『温泉主義』新潮社　2008年2月［2005-07年の温泉旅行記］
- 『隠居宣言』平凡社新書　2008年3月［隠居や故郷、あの世に関する108の質問への回答］
- 『KAWADE　道の手帖　横尾忠則　画境の本懐』河出書房新社　2008年3月［エッセイを中心とした横尾入門］
- 瀬戸内寂聴著、横尾忠則画『奇縁まんだら』日本経済新聞出版社　2008年4月［様々な文化人との出会いと思い出をめぐるエッセイとその肖像画を収録］［文庫版］日経文芸文庫　2014年10月

横尾忠則　ブックガイド

凡例：横尾忠則に関する主要な作品集（展覧会図録を含む）と著述等を中心としたブックガイドである。発行年順に記載し、簡単な内容紹介を付した。文庫化などがなされた場合には注記し、タイトル（改題された場合のみ）、発行所、発行年月を付した。（藤井亜紀編）

- 粟津潔編『横尾忠則遺作集』學藝書林　1968年3月［作品集］
- 『横尾忠則日記　一米七〇糎のブルース』新書館　1969年12月［1962–69年のエッセイを収録］
  ［文庫版］角川文庫　1979年4月［再編集］
- 『未完への脱走』講談社　1970年11月［1969–70年のエッセイを収録］
  ［文庫版］講談社文庫　1978年1月［再編集］
- 『横尾忠則全集』講談社　1971年3月［1968–70年の作品、エッセイを収録］
  ［改訂英訳版］Tadanori Yokoo, Baron's, New York, 1977.12
- 横尾忠則編『憂魂、高倉健』都市出版社　1972年5月［刊行されたが販売されず］
  ［新装復刻版］国書刊行会　2009年5月
- 『PUSH』講談社　1972年6月［1970–72年の日記、エッセイを収録］
- 『暗中模索中』河出書房新社　1973年10月［1970–73年のエッセイを収録］
- 『千年王国への旅』講談社　1974年10月［1969–74年の作品を収録］
- 柴田錬三郎作、横尾忠則画『絵草紙うろつき夜太』集英社　1975年5月
  ［文庫版］集英社文庫　1992年12月［再編集］
  ［復刻版］『復刻版 絵草紙うろつき夜太』国書刊行会　2013年9月
- 『横尾忠則そしてインド篠山紀信』松坂屋　1976年4月［展覧会図録］
- 『なぜぼくはここにいるのか』講談社　1976年7月［1973–76年のエッセイを収録］
  ［文庫版］講談社文庫　1980年11月
- 『横尾忠則』三ツ進　［出版年未記載］、新宿圭文社　1977年3月［作品集］
  圭文社　1977年3月［作品集］
- 『インドへ』文藝春秋　1977年6月［1974年、76年のインド旅行記］
  ［文庫版］文春文庫　1983年1月
- 『アート・テクニック・ナウ18　横尾忠則のコラージュ・デザイン』河出書房新社　1977年7月［作品集］
  ［増補新版］河出書房新社　1994年6月
- 池田満寿夫、横尾忠則『反美的生活のすすめ』河出書房新社　1977年9月［語り下ろし対談集］

- 『方舟から一羽の鳩が』講談社　1977年11月［1976–77年のエッセイを収録］
- 横尾忠則編・著『天地創造計画』学習研究社　1978年4月［レコードジャケットを集めて構成し、地球と人類の問題を表現］
- 『我が坐禅修行記』講談社　1978年5月［1977年の参禅記を収録］
  ［文庫版］『わが坐禅修行記』講談社文庫　1985年11月
  ［文庫版］『坐禅は心の安楽死　ぼくの坐禅修行記』平凡社ライブラリー　2012年1月［再編集］
- 『100 POSTERS OF TADANORI YOKOO』講談社　1978年5月［自選ポスター作品を収録］
  ［英訳版］100 POSTERS OF TADANORI YOKOO, Image Graphic inc., New York; Big O Publishing Ltd., London; Kodansha, 1978.9
- 『彼岸に往ける者よ』文藝春秋　1978年10月［1976–78年のエッセイ、日記を収録］
  ［文庫版］『地球の果てまでつれてって』文春文庫　1986年3月
- 横尾忠則著、亀岡恵子・中山真姫編『今日の音楽2　アクエリアス時代の子』深夜叢書社、東京音楽社　1979年3月［1966–78年の音楽に関するエッセイを収録］
- 『UFO革命』晶文社　1979年3月［1973–78年のUFOに関する対談、エッセイを収録］
- 『私の夢日記』角川書店　1979年4月［1955–78年の夢日記］
  ［文庫版］角川文庫　1988年7月［1981–88年の日記を追加］
- 『光る女』水兵社　1979年11月［初の小説集］
- 『宇宙瞑想』平河出版社　1980年3月［1970年代の対話を収録］
  ［文庫版］『今、生きる秘訣――横尾忠則対話集』光文社知恵の森文庫　1998年4月［再編集］
- 『昨日のぼく今日のぼく』講談社　1980年7月［1975–79年の交友に関するエッセイを収録］
- 『8時起床、晴。今日はいいことがありそうだ』佼成出版社　1980年10月［1977–80年のエッセイ、日記を収録］
- 倉橋正編『SHOOT DIARY』XARAVEL　1981年1月［倉橋正の写真による1970–80年の横尾忠則の記録］
- 筒井康隆著、横尾忠則画『美藝公』文藝春秋　1981年2月
  ［新装復刻版］ミリオン出版　1995年11月
- 『横尾忠則画帖』美術出版社　1981年11月［作品集］
- 『横尾忠則の世界』西宮市大谷記念美術館　1983年9月［展覧会図録］
- 『横尾忠則画集』神戸新聞出版センター　1983年10月［作品集］

- Tadanori Yokoo, Musée de la Publicité, 1983.10［展覧会図録］
- 『横尾忠則の画家の日記』アート・ダイジェスト　1987年2月［1980–86年の日記を収録］
  ［2分冊の文庫版］『いわゆる画家宣言――横尾忠則の画家の日記 '80–'83』ちくま文庫　1991年12月、『365日の自画像――横尾忠則の画家の日記 '84–'86』ちくま文庫　1992年1月
- 『横尾忠則展　ネオロマンバロック』西武美術館　1987年2月［展覧会図録］
- 『横尾忠則展――その転換と変換』神戸新聞社　1988年8月［展覧会図録］
- 『横尾忠則グラフィック大全』講談社　1989年1月［1953–88年のグラフィック作品を収録］
- 『龍の器』PARCO出版局　1990年2月［展覧会図録、自作と怪物退治をモティーフにした古今の西洋絵画で構成］
- 『横尾忠則の版画』講談社　1990年12月［1968–90年の版画作品を収録］
- 『源氏絵語』飛鳥新社　1991年1月［瀬戸内晴美「わたしの源氏物語」の挿画を基に編集］
- 『導かれて、旅』日本交通公社出版事業部　1992年4月［1988年、90–91年の旅行記］
  ［文庫版］文春文庫　1995年7月［書き下ろしを追加、再編集］
- 『見えるものと観えないもの』筑摩書房　1992年6月［1989–92年の対談を収録］
  ［文庫版］ちくま文庫　1997年1月
- 『画集・絵画の中の映画』ビクター音楽産業　1992年10月［映画に着想した作品集］
- 横尾忠則、篠山紀信『横尾忠則　記憶の遠近術』講談社　1992年11月［1968–76年に撮影された写真による自伝］
- 『芸術は恋愛だ』PHP研究所　1992年12月［芸術や創作に関する語り下ろし］
  ［文庫版］『ぼくは閃きを味方に生きてきた』光文社知恵の森文庫　1998年7月
- 『ARTのパワースポット』筑摩書房　1993年2月［1973–92年の芸術に関するエッセイを収録］
  ［文庫版］ちくま文庫　2001年2月［再編集］
- 『横尾少年　横尾忠則昭和少年時代』角川書店　1994年2月［少年時代に関わるエッセイ、写真等を収録］
- 『天と地は相似形』日本放送出版協会　1994年2月［夢、宇宙人、神霊に関する書き下ろし］
  ［文庫版］『私と直感と宇宙人』文春文庫　1997年9月
- 『電脳カーニバル』平凡社　1994年4月［作品集］
- 淀川長治、横尾忠則『二人でヨの字――淀川長治・横尾忠則連続対話』筑摩書房　1994年4月
  ［文庫版］『淀川さんと横尾さん　二人でヨの字』ちくま文庫　1999年5月

148

- 神戸新聞平和賞受賞。
- 西脇市名誉市民（第1号）の称号を受ける。
- 「横尾忠則どうぶつ図鑑　YOKOO'S YOKOO ZOO」展（横尾忠則現代美術館、兵庫）。
- 豊島横尾館（香川）開館。生と死をテーマに絵画とインスタレーションを展示。永山祐子設計。
- 「横尾忠則　日本の作家222」展（南天子画廊、東京）。
- 「横尾忠則　肖像図鑑　HUMAN ICONS」展（横尾忠則現代美術館、兵庫／川崎市市民ミュージアム）。
- 「横尾忠則の『昭和NIPPON』──反復・連鎖・転移」展（青森県立美術館／横尾忠則現代美術館、兵庫）。
- 「神戸ビエンナーレ2013　企画展示　横尾忠則　感応する風景」（兵庫県立美術館）。

2014
- 「ポスト・ピカソ」展（ピカソ美術館、バルセロナ）。
- 「阪神・淡路大震災20年展　横尾探検隊　LOST IN YOKOO JUNGLE」（横尾忠則現代美術館、兵庫）。
- 日本宣伝賞山名賞受賞。
- 「ヴィヴィッド・メモリーズ」展（カルティエ現代美術財団、パリ）。
- 「ノスタルジー＆ファンタジー　現代美術の想像力とその源泉」展（国立国際美術館、大阪）。
- 「阪神・淡路大震災20年展　横尾忠則展　枠と水平線と…グラフィック・ワークを超えて」（横尾忠則現代美術館、兵庫）。
- 「記憶の遠近術～篠山紀信、横尾忠則を撮る」展（横尾忠則現代美術館、兵庫）。
- 「横尾忠則の地底旅行」展（霧島アートの森、鹿児島）。
- 「メイキング・ミュージック・モダン」展（ニューヨーク近代美術館）。
- カルティエ現代美術財団の委託で、パリの同財団にゆかりのアーティスト等119名133点の肖像画を描く。

2015
- 「阪神・淡路大震災20年展　横尾忠則　大涅槃展」（横尾忠則現代美術館、兵庫）。
- 「横尾忠則　カット＆ペースト　切った貼ったの大立ち回り」（横尾忠則現代美術館、兵庫）。
- 「インターナショナル・ポップ」展（ウォーカー・アート・センター、ミネアポリス／ダラス美術館／フィラデルフィア美術館）。
- 「横尾忠則　続・Y字路」展（横尾忠則現代美術館、兵庫）。

- 「横尾忠則展　"Swimming Girls"」展（南天子画廊、東京）。
- 「ザ・ワールド・ゴーズ・ポップ」展（テート・モダン、ロンドン）。
- 第27回高松宮殿下記念世界文化賞受賞。
- 「横尾忠則　49年後」展（アルバーツ・ベンダ、ニューヨーク）。
- 「横尾忠則　幻花幻想幻画譚」展（横尾忠則現代美術館、兵庫／ギンザ・グラフィック・ギャラリー、東京）。

2016
- 個展（ヴィラヌフ・ポスター美術館、ワルシャワ）。
- 「横尾忠則　迷画感応術」展（箱根彫刻の森美術館）。
- 「横尾忠則展　わたしのポップと戦争」展（横尾忠則現代美術館、兵庫）。
- 『言葉を離れる』で第32回講談社エッセイ賞受賞。
- 「ヨコオ・マニアリズム vol.1」展（横尾忠則現代美術館、兵庫）。
- 「ポップアート、私の恋人」展（メゾン・ダイユール、イヴェルドン・レ・バン、スイス）。
- 「ようこそ！横尾温泉郷」展（横尾忠則現代美術館、兵庫）。
- 個展（ロシア国立東洋美術館、モスクワ）。

2017
- 「横尾忠則　HANGA JUNGLE」展（町田市立国際版画美術館、東京／横尾忠則現代美術館、兵庫）。
- 「開館5周年記念展　ヨコオ・ワールド・ツアー」（横尾忠則現代美術館、兵庫）。
- 「ハイライト」展（ソウル市立美術館）。
- 「横尾忠則　十和田ロマン展　POP IT ALL」（十和田市現代美術館）。
- 「ジャパーンネス　1945年以降の日本の建築と都市計画」展（ポンピドゥー・センター・メッス）。
- 「ジャパノラマ　1970年以降の新しい日本のアート」展（ポンピドゥー・センター・メッス）。

2018
- 「開館5周年記念展　横尾忠則の冥土旅行」展（横尾忠則現代美術館、兵庫）。
- 「美しき異界」展（上海当代芸術博物館）。
- 「横尾忠則　画家の肖像」展（横尾忠則現代美術館、兵庫）。
- 「起点としての80年代」展（金沢21世紀美術館／高松市美術館／静岡市美術館）。
- 「横尾忠則　在庫一掃大放出展」（横尾忠則現代美術館、兵庫）。
- 「ニュー・ウェイブ　現代美術の80年代」展（国立国際美術館、大阪）。

2019
- 「横尾忠則　西脇幻想展　光るまち・光る記憶」（西脇市岡之山美術館）。
- 「横尾忠則　大公開制作劇場～本日、美術館で事件を起こす」展（横尾忠則現代美術館、兵庫）。
- 「パレルゴン：1980年代、90年代の日本の美術」展（ブラム＆ポー、ロサンゼルス）。
- 「第25回レーゲンスブルク国際短編映画祭　短編映画に見る日本の歴史」に映像作品《KISS KISS KISS》を出品。
- 『創造＆老年　横尾忠則と9人の生涯現役クリエイターによる対談集』(SBクリエイティブ)の中国語訳版『横尾忠則×九位經典創作者的生命對話』（大田出版有限公司、台湾）出版。台湾の文学賞「美好生活好書獎」を受賞。
- 「人食いザメと金髪美女──笑う横尾忠則展」（横尾忠則現代美術館、兵庫）。
- 「横尾忠則『B29と原郷──幼年期からウォーホールまで』」（スカイ・ザ・バスハウス、東京）。戦中戦後の故郷での体験などをもとにした新作を発表。
- 小説「原郷の森」を『文學界』に連載開始。
- 「横尾忠則　自我自損展　ゲスト・キュレーター：横尾忠則」（横尾忠則現代美術館、兵庫）。

2020
- 「兵庫県立横尾救急病院展」（横尾忠則現代美術館、兵庫）。病院を模した展示。オープニングで美術館スタッフ、関係者がマスクを付けた姿は、新型コロナウィルス感染拡大後の状況を予見させるものとなった。
- 「ポスター　200年の芸術と歴史」展（ハンブルク美術工芸博物館）。
- 「コピー＆ペースト　日本のイメージにおける反復」展（ハンブルク美術工芸博物館）。
- 「タントラ　啓蒙から革命へ」（大英博物館）。
- 「古典×現代2020──時空を超える日本のアート」展（国立新美術館、東京）。曾我蕭白《寒山拾得図》から着想した新作を発表。
- 新型コロナウィルスの感染拡大を受け、Twitterと公式HPで既存の作品、写真等にマスクをコラージュした「WITH CORONA」シリーズを開始。
- 「横尾忠則の緊急事態宣言」展（横尾忠則現代美術館、兵庫）。
- 東京都名誉都民の称号を受ける。
- 「横尾忠則　タマ、帰っておいで」展（西村画廊、東京）。亡き愛猫タマを描いた絵画を展示。

（藤井亜紀編）

2000
- BS朝日「人間 横尾忠則」の撮影のため泰江夫人とエジプト、イタリアへ旅行。
- 梅原猛作、茂山千之丞演出・出演の「スーパー狂言」3部作「ムツゴロウ」(国立能楽堂、東京)の装束、美術、ポスター等を担当。「クローン人間ナマシマ」(2002年)、「王様と恐竜」(2003年)も担当。
- 西脇市岡之山美術館での「横尾忠則 西脇・記憶の光景展」出品のため、西脇で絵画制作。子供の頃に通った模型屋跡に「Y字路」を発見し、連作を開始。
- ニューヨークADC殿堂入り。

2001
- 「センチュリー・シティ:現代都市の芸術と文化」展(テート・モダン、ロンドン)。
- 「横尾忠則 二つの境域」展(富山県立近代美術館)。
- 公式ブログを始める。
- 「横尾忠則作 暗夜光路」展(原美術館、東京)。Y字路のシリーズを発表。
- 紫綬褒章受章。

2002
- 多摩美術大学大学院教授に就任(-04)。
- 「横尾忠則 森羅万象」展(東京都現代美術館／広島市現代美術館)。絵画作品とグラフィック作品を初めて綜合し、60年代からの活動の全貌を紹介。
- 電通新社屋のアートプロジェクトに参加。床のタイルをデザイン。

2003
- 「横尾byヨコオ:描くことの快楽——イメージの遍歴と再生」展(京都国立近代美術館)。作品から共通のモティーフを抽出、連鎖させて展示。
- 個展(エントウィッスル・ギャラリー、ロンドン)。

2004
- 「横尾忠則 Y字路展」(宮崎県立美術館)。
- 「横尾忠則 —in the bath—」展(スカイ・ザ・バスハウス、東京)。銭湯をモティーフにした連作を発表。
- 「マルセル・デュシャンと20世紀美術」展(国立国際美術館、大阪／横浜美術館)。
- 紺綬褒章受章。
- JR加古川線を走るラッピング電車をデザイン(全4編成、-12)。

2005
- 「横尾忠則——熊本・ブエノスアイレス化計画」展(熊本市現代美術館)。
- 「開館30周年記念展:横尾忠則——Y字路から湯の町へ」展(池田20世紀美術館、静岡)。
- 「横尾忠則が招待する イッセイミヤケパリコレクション1977→1999」展(富山県立近代美術館)。
- 「横尾忠則展 (then) and Now」(南天子画廊、東京)。
- 「第15回ラハティ・ポスター・ビエンナーレ」展グランプリ受賞。

2006
- 「東京—ベルリン／ベルリン—東京展」(森美術館、東京／ベルリン新国立美術館)。
- 個展(カルティエ現代美術財団、パリ)。
- 日本文化デザイン大賞受賞。

2007
- 「隠居宣言」。翌年、同名の新書を平凡社より刊行。
- 兵庫県功労者表彰。
- 世田谷区特別文化功労表彰。
- 瀬戸内寂聴が『日本経済新聞』に連載したエッセイ「奇縁まんだら」の挿画を担当。

2008
- 「横尾忠則のふたつめの壺」展(スカイ・ザ・バスハウス、東京)。
- 「横尾忠則 温泉主義」展(西村画廊、東京)。
- 「冒険王・横尾忠則」展(世田谷美術館／兵庫県立美術館)。冒険をキーワードに展観。PCPPP (Public Costume Play Performance Painting)と題し、工事現場の作業員に扮しY字路をモティーフに公開制作。
- 個展(フリードマン・ベンダ、ニューヨーク)。
- ジャパン・ソサエティー(ニューヨーク)で講演。
- 小説『ぶるうらんど』で第36回泉鏡花文学賞受賞。

2009
- 第5回円空大賞円空賞受賞(岐阜県美術館)。
- 「横尾忠則 Y字路」展(アラリオ・ギャラリー、ソウル)。
- 「未完の横尾忠則——君のものは僕のもの、僕のものは僕のもの」展(金沢21世紀美術館)。未完をキーワードに展観。「PCPPP」を行う。
- 「横尾忠則 東京Y字路 写真展」(西村画廊、東京)。
- 朝日新聞の書評委員になる。

2010
- Twitterを始める。

- 「横尾忠則 終りの美学 初期のシルクスクリーン 1965-1971」展(フリードマン・ベンダ、ニューヨーク)。
- 「マルセル・デュシャンとフォアステーの滝」展(ギャラリー・ダヴェル、キュリー、スイス)。
- 「横尾忠則全ポスター」展(国立国際美術館、大阪)。

2011
- ウフィツィ美術館の委託により自画像を制作、同美術館ヴァザーリの回廊(フィレンツェ)に収蔵、S・スケッジャ教会(フィレンツェ)で展示。
- 旭日小綬章受章。
- 「横尾忠則展 絵人百九面相」(岡山県立美術館／高知県立美術館)。
- 「横浜トリエンナーレ2011」展。黒いY字路のシリーズを招待出品。
- 「ポストモダニズム:スタイルと破壊 1970-1990」展(ヴィクトリア&アルバート美術館、ロンドン)。

2012
- 朝日賞受賞。
- 「ダブル・ヴィジョン:現代日本美術展」(モスクワ市立近代美術館／ハイファ美術館、イスラエル)。
- 「シャンバラを探して」展(ボストン美術館)。
- 「横尾忠則コラージュ」展(フリードマン・ベンダ、ニューヨーク)。
- 「見ることの歴史:ショウ アンド テル」展(カルティエ現代美術財団、パリ)。
- 「子どもたちの世紀:デザインと共に成長して 1990-2000」展(ニューヨーク近代美術館)。
- 「横尾忠則——葬館@豊島へ——豊島・アートハウスプロジェクトへ向けて」展(スカイ・ザ・バスハウス、東京)。
- 兵庫県神戸市に兵庫県立美術館の分館として、横尾忠則現代美術館が開館。
- 「開館記念展I 横尾忠則展 反反復復反復」(横尾忠則現代美術館、兵庫)。
- 「東京1955-1970:新しい前衛」展(ニューヨーク近代美術館)。

2013
- 『波乱へ!! 横尾忠則自伝』(文藝春秋)の中国語版『海海人生!! 横尾忠則自傳』(臉譜出版、台湾)出版。台湾の文学賞「開卷好書獎」の翻訳部門大賞を受賞。
- 「横尾忠則ポスター展」(岩手県立美術館／福島県立美術館)。
- 「開館記念展II 横尾忠則展 ワード・イン・アート——字は絵のごとく 絵は字のごとく」(横尾忠則現代美術館、兵庫)。

1984
- アメリカのボディ・ビルダーでパフォーマンス・アーティストのリサ・ライオンとコラボレーション。リサのパフォーマンス会場（ラフォーレミュージアム原宿）で、横尾の撮影したリサの写真を基に150号の油彩5点を公開制作。初めての公開制作となる。
- 個展（南天子画廊、東京）。パフォーマンスを基にした連作を発表。
- ベルギー国立20世紀バレエ団（モーリス・ベジャール主宰）のミラノ・スカラ座公演『ディオニソス』の舞台美術を担当。
- 個展（オーティス・パーソンズ・ギャラリー、ロサンゼルス）。
- 「開館記念展：横尾忠則の世界展」（西脇市岡之山美術館）。横尾の故郷にある同館では主に横尾の作品を展示。

1985
- 「第13回パリ・ビエンナーレ」展。《天の岩戸》、《KUSANAGI NO TSURUGI》、《滝壺》等を招待出品。
- 個展（パラッツォ・ビアンコ、ファルコーネ・テアトロ、ジェノヴァ）。ポスターと絵画の個展を2か所で開催。
- 個展（芸術家会館ベタニエン、ベルリン）。ポスター100点を展示。
- 「第18回サンパウロ・ビエンナーレ」展。キリストや鏡をモティーフにした作品を招待出品。

1986
- 「東京——その形と心」展（ウォーカー・アート・センター、ミネアポリスほか）。《戦後》を含む、江戸から現代・近未来までを表現した陶板画を発表。
- 個展（ロバータ・イングリッシュ・ギャラリー、サンフランシスコ）。
- 個展（イスラエル美術館）。
- 個展（ロイ・ボイド・ギャラリー、ロサンゼルス）。
- 「前衛芸術の日本1910-1970」展（ポンピドゥー・センター、パリ）。

1987
- モーツァルト「魔笛」中国公演の舞台美術を担当。
- 「横尾忠則展　ネオロマンバロック」（西武美術館、東京／つかしんホール、兵庫／春日井西武、愛知）。81年以降の絵画を展示。
- 個展（カーネギー・メロン大学、ピッツバーグ）。
- 兵庫県文化賞受賞。

1988
- 大阪ドイツ文化センターが世界のアーティストに依頼して制作する「芸術凧（アート・カイト）」のプロジェクトに参加。
- 「ベルリン—東京・現代美術交流展：横尾忠則展」（ギャラリー・シルヴィア・メンツェル、ベルリン）。
- 箱根町社会教育センターの壁画を制作。
- 自伝「帰りたい天使」を『流行通信HOMME』に隔月連載（-92）。後に『横尾忠則自伝「私」という物語　1964-1984』（文藝春秋、1995年）として刊行。
- この頃、カンヴァスの上に短冊状のカンヴァスを重ね合わせた連作を制作。また、夢で滝を見たことから、作品に描かれるようになる。

1989
- 「第4回バングラデシュ・アジア・アート・ビエンナーレ」展名誉賞受賞。

1990
- 大阪花と緑の博覧会で「ベリーズ館」パヴィリオンをデザイン。
- インド・アーメダバッドのサラバイ家の依頼によりインドに3週間滞在し、地元の映画の看板描きの作家と共同制作。
- 「横尾忠則版画展——処女作から現在まで」（渋谷シードホール、東京ほか）。60年代からの版画を集大成した展示。

1991
- 雑誌『旅』連載のため、全国各地へ取材旅行。
- 「横尾忠則——TEARS瀧」展（佐賀町エキジビットスペース、東京）。
- 「横尾忠則展——受胎告知」（南天子画廊、東京）。

1992
- 雑誌『GULLIVER』の取材で、ブラジル・アマゾンへ。イグアスの滝などを巡る。作品制作や、滝のポストカードの蒐集、「デジタル・テクナメーション」へと繋がっていく。

1993
- 「第45回ヴェネツィア・ビエンナーレ『トランスアクションズ・ペドロ・アルモドヴァル』」展。

1994
- 「横尾忠則 昭和少年風景展——戦前戦後の子供たちの物語・挿絵・夢——」（弥生美術館、東京）。
- 「戦後日本の前衛美術」展（横浜美術館／グッゲンハイム美術館、ニューヨーク）。展覧会に際し渡米、コロンビア大学（ニューヨーク）で講演。
- 「横尾忠則の神話と人話　Spiritual Pop 1994 with Love」展（ラフォーレミュージアム原宿、東京ほか）。
- 「日本のデザイン——1950年以降の展観」展（フィラデルフィア美術館）。
- 「ザ・ポップ・イメージ・プリンツ＆マルチプルズ」展（マールボロ・ギャラリー、ニューヨーク）。
- 「横尾忠則　Spiritual Pop 1994 with Love」展（コンテンポラリー・アートセンター、ニューオリンズ）。

1995
- 第36回毎日芸術賞受賞。
- 第二の故郷である神戸の阪神・淡路大震災に衝撃を受ける。支援のため元永定正、白髪一雄と発起人になり「HYOGO AID '95 by ART」を設立、活動。
- 「戦後文化の軌跡1945-1995」展（目黒区美術館ほか）。
- 「フォトソフィア——横尾忠則デジタルテクナメーション展」（東京都写真美術館）。

1996
- 「横尾忠則展　THEN AND NOW」（南天子画廊、東京）。
- 横尾忠則、難波英夫監修『横尾忠則全絵画』（平凡社）刊行。初の本格画集。
- 「横尾忠則1996新作展『今ハ昔』」（ラフォーレミュージアム原宿、東京ほか）。昔話や記憶を基にした作品を発表。

1997
- ニューヨークADCで金賞受賞。
- 「私への帰還——横尾忠則美術館　1966-1997」展（兵庫県立近代美術館／神奈川県立近代美術館）。60年代からの絵画の軌跡を展観。「赤」のシリーズを発表。

1998
- ジャパン・ソサエティー（ニューヨーク）とモラヴィアン・ギャラリー（ブルノ、チェコ）で講演。
- 「21世紀は寝て待て！　横尾忠則の快美王国」展（ラフォーレミュージアム原宿、東京ほか）。
- 宝塚劇場で宝塚歌劇を観て、虜になる。後にポスターデザインを担当（2000-05）。

1999
- 「郵便少年横尾忠則」展（逓信総合博物館、東京）。

151

- 初エッセイ集『横尾忠則日記　一米七〇糎の
ブルース』(新書館)を刊行。

1970
- タクシーの衝突事故で2か月入院、
「休業宣言」をする。
- この頃より、日記を書き始める。
- 日本万国博覧会開催。「せんい館」の
パヴィリオンをデザイン。
- 「横尾忠則全集展」(銀座松屋、東京ほか
全国巡回)。これまでの活動の集大成。
6日間で約7万人を動員。
- 『週刊少年マガジン』の表紙デザインを担当。
- 雑誌『anan』の取材で10年ぶりに故郷西脇へ
篠山紀信と撮影旅行。後に『横尾忠則　記憶の
遠近術』(講談社、1992年)にまとめられる。
- ロンドンへ旅行。ビートルズゆかりの地を
訪ねる。
- 脚の痛みにより2か月入院。
- 三島由紀夫の写真集『新輯版　薔薇刑』(細江英公
撮影)の装幀を担当。
- 三島由紀夫自決の翌日、弔問のため、発病以来
初めて歩行する。

1971
- ワシントン州立大学に招聘され渡米。
ニューヨークに滞在。
- 「第10回現代日本美術展」(東京都美術館ほか)。
オフセット印刷のポスター《Wonderland》を、
壁にただ画鋲で留めただけの状態で「版画」
として出品、盗難に遭う。
- 東急百貨店「クリスマス・パラダイス」
キャンペーン取材のためタヒチ・ハワイに旅行。
- 「パリ青年ビエンナーレ展」受賞による招待で
パリに滞在。アムステルダム、ロンドンを経て
ニューヨークへ。ジョン・レノンに会う。

1972
- 個展(ニューヨーク近代美術館)。渡米。
- 雑誌『芸術生活』で「日本原景旅行」と題し
全国への取材旅行を開始。
- 雑誌『週刊プレイボーイ』で連載の柴田錬三郎の
小説「うろつき夜太」の挿画制作のため、
柴田とともに1年間高輪プリンスホテルに
投宿し、仕事を共にする。
- 「第4回ワルシャワ国際ポスター・ビエンナーレ」
展ユネスコ賞受賞。
- 「第5回ブルノ国際グラフィック・デザイン・
ビエンナーレ」展特別賞受賞。

1973
- 「千年王国への旅──横尾忠則近作展」
(大阪そごう)。

- 個展(ハンブルク工芸美術館)。
- 「現代日本版画展」(ロンドンICA)
審査委員会賞受賞。
- 東京ADCで最高賞受賞。
- この頃から、精神世界や神秘体験、UFO、
楽園をモティーフにした作品を手掛け始める。

1974
- TBSドラマ「寺内貫太郎一家」にレギュラー
出演、タイトルバックを制作。
- 個展(ステデリック美術館、アムステルダム)。
- 個展(南天子画廊、東京)。版画「聖シャンバラ」
「性風景」を発表。
- サンタナの3枚組LPレコードアルバム
「ロータス」のために22面のアルバム
ジャケットをデザイン。
- 「千年王国への旅　横尾忠則1971-1974展」
(新宿伊勢丹)。
- 「第9回東京国際版画ビエンナーレ展」
(東京国立近代美術館／京都国立近代美術館)。
兵庫県立近代美術館賞受賞。
- 篠山紀信とインドへ旅行(以後、76年、78年、
79年、87年、90年、94年にも旅行)。
- スイスのグラフィック雑誌『GRAPHIS』の
表紙のため、版画《ターザンがやってくる》を
制作。ターザンは幼少期から憧れの存在。
- 「第5回ワルシャワ国際ポスター・ビエンナーレ」
展金賞受賞。

1975
- 『東京新聞』で連載の瀬戸内晴美の小説
「幻花」の挿画を開始。
- 第20回毎日産業デザイン賞受賞。

1976
- 鶴見・總持寺での個展を契機に坐禅に
興味を抱く。雑誌『GORO』で参禅記を連載する。
- 「横尾忠則そしてインド篠山紀信展」
(銀座松坂屋ほか)。
- 前回のワルシャワでの受賞を機に展覧会開催の
ためポーランドを旅行。帰途、スペインの
ポルト・リガトにダリを訪ねる。
- 「第37回ヴェネツィア・ビエンナーレ
『5人の国際デザイナー』」展。
- 三宅一生のテキスタイルデザインを3シーズン
担当。

1977
- 阿久悠、浅井慎平、池田満寿夫、酒井政利、
平岡正明らとイースター、サモア、フィジー、
タヒチへ旅行。帰国後、南太平洋をモティーフ
にした作品を制作。

1978
- 第9回講談社出版文化賞受賞。
- 細野晴臣とインド旅行。LPレコードアルバム
「コチンの月」を制作。
- 青山ハナヱ・モリビルの「Café猫」の
インテリア等のデザインを担当。

1979
- 「第3回ラハティ・ポスター・ビエンナーレ」展
2000Fmk賞受賞。
- 井上光晴編集の雑誌『使者』創刊号に小説
「光る女」を発表。
- 台北リッツホテルのアラブ料理レストラン
「アルデバラン」のインテリアデザインを担当。
- アスペン国際デザイン会議に出席後、
ニューヨーク、ロサンゼルスへ旅行。
池田満寿夫、ポール・デイヴィスらと
デッサン教室に参加し、絵を描く快感を思い出す。

1980
- 自宅で転倒、肋骨を骨折。転機を予感する。
- 絵画教室(三田・龍源寺)を開始。
- 「ジャパン・スタイル」展(ヴィクトリア＆
アルバート美術館、ロンドン)。
- 雑誌『流行通信』のアートディレクションを担当。
- 個展(岡山[林原]美術館)。
- 「ピカソ展」(ニューヨーク近代美術館)に衝撃を
受け、画家になる決断をする。

1981
- 個展(渋谷西武)。これまでのほぼ全作品を展示。
- アムステルダムのジャパン・デイに出席後、
パリでニキ・ド・サンファールを訪ねる。
新表現主義の絵画展「バロック'81」(パリ市立
近代美術館)に共感する。
- 横尾の著述のなかに「別に画家宣言をしたわけ
ではない」(『美術手帖』1981年12月号)と
あるものの、翌年には新聞や雑誌で「油彩画家に
転向」「画家宣言」と取り上げられる。

1982
- 個展(ハンブルク工芸美術館)。
- 個展(南天子画廊、東京)。新作絵画を発表、
画家としての姿勢を示す。
- 西ドイツ、パリ、ロンドンへ旅行。
「ドクメンタ7」の新表現主義の絵画に興奮する。

1983
- 個展(西宮市大谷記念美術館)。
初期ポスターから最新の絵画までを展示。
- 個展(パリ広告美術館)。
- 絵画制作のため、富士山麓青木ヶ原の樹海で
自らの裸体のパフォーマンスを撮影。

横尾忠則　略歴

1936
- 6月27日、兵庫県多可郡西脇町（現・西脇市）に成瀬光政・ツヨの二男として生まれる。

1939
- 実父の兄で呉服商を営む横尾誠起と妻・稲垣輝恵の養子となる。

1941
- 講談社絵本、石井滴水画『宮本武蔵』を模写する。

1943
- 西脇国民学校に入学。

1945
- 神戸に空襲。西脇は空襲されなかったものの、赤く染まる空を見る。戦後に見た焼け跡の大阪城の光景に強い印象を受ける。

1949
- 多可郡学校組合立西脇中学校に入学。
- 中学校時代は、江戸川乱歩の小説、南洋一郎の冒険小説、鈴木御水の挿絵、山川惣治の絵物語に夢中になる。

1952
- 兵庫県立西脇高等学校に入学。高校時代は郵便友の会を結成。後にファンレターを出したエリザベス・テーラーから返信が届き、新聞に掲載される。

1953
- 高校の学園祭のために初めてポスターをデザイン。

1954
- 美術教師の影響で油絵を始める。
- 「第50回太平洋画会展」（東京都美術館）に《岩と水》が入選。会友に推薦されるが、教師の判断により知らされず。

1955
- 西脇市主催織物祭のポスターデザイン案が1等入選、採用される。
- 武蔵野美術学校（現・武蔵野美術大学）の受験のため上京するが、受験を断念して帰郷。
- 織物祭のポスターが機縁で、加古川市の印刷会社・黒田盛文堂に入社するものの、1年にも満たずに解雇。

1956
- 神戸新聞のカット入選常連によるグループ展を見た灘本唯人の推薦で神戸新聞社に入社（-59）。

1957
- 「神戸宣伝美術協会展」（大丸、神戸）で新人賞を受賞。
- 職場の神戸新聞会館で知り合った1歳年上の谷泰江と結婚。

1958
- 「第8回日宣美展」（日本橋髙島屋、東京）。奨励賞受賞、会員に推挙。

1959
- 大阪のナショナル宣伝研究所に入社（-60）。

1960
- ナショナル宣伝研究所の東京移転に伴い上京。
- 養父・横尾誠起、歿す。
- 日本デザインセンターに入社（-64）。約2週間後の安保デモの夜、タクシーのドアに右手の指を挟み骨折。

1961
- 田中一光の紹介により京都労音のポスターを制作。

1962
- 細江英公、寺山修司と知り合う。

1964
- 宇野亞喜良、原田維夫と「スタジオ・イルフィル」結成（-65）。
- 和田誠、篠山紀信らと東京オリンピックの期間中にヨーロッパへ団体旅行。

1965
- 初個展（吉田画廊、東京）。イラストレーションを発表。三島由紀夫と対面し、後日出品作品を贈る。この出会いから親交が始まる。
- 養母・稲垣輝恵、歿す。
- グラフィック・デザイン展「ペルソナ」（銀座松屋、東京）。《TADANORI YOKOO》、《À LA MAISON DE M. CIVEÇAWA（ガルメラ商会）》などを出品、存在を印象づける。
- 第11回毎日産業デザイン賞受賞。

1966
- 個展（南天子画廊、東京）。「ピンクガールズ」連作を発表。三島由紀夫が推薦文を寄せる。
- 「劇団状況劇場」を主宰する唐十郎を知る。《腰巻お仙（劇団状況劇場）》のポスターを制作。
- この頃から、女優の浅丘ルリ子、ヤクザ映画のスター高倉健の大ファンとなる。

1967
- ニューヨーク近代美術館でポスター15点を収蔵。
- 寺山修司主宰「天井桟敷」に参加、舞台美術とポスター制作を担当。
- TBSテレビ「ヤング720」にレギュラー出演。
- 『デザイン・ジャーナル』誌に自身の死亡広告を出す。
- 雑誌『漫画讀本』の依頼により、アンリ・ルソーのパロディ絵画を制作。
- 個展（ポスター・オリジナルズ・ギャラリー、ニューヨーク）。ニューヨークに約3か月滞在。アンディ・ウォーホル、ミルトン・グレイザーらと会う。一柳慧らと交遊。サイケデリック・ムーヴメントに魅了される。
- この頃からテレビや雑誌『平凡パンチ』『HEIBONパンチDELUXE』等で横尾の活動が盛んに取り上げられる。

1968
- 「ワード・アンド・イメージ」展（ニューヨーク近代美術館）に出品。同展ポスターもデザイン。
- 粟津潔編『横尾忠則遺作集』（学藝書林）出版。
- 草月アートセンターと雑誌『デザイン批評』主催の連続シンポジウム「なにかいってくれいま　さがす」の第1回「変わった？　何が（現代の変身）」で一柳慧、黒川紀章と「サイコ・デリシャス」と題したサイケデリック・ショーを構成。
- 大島渚監督の映画「新宿泥棒日記」に主演。
- 「第6回東京国際版画ビエンナーレ展」（東京国立近代美術館）のポスターとカタログを制作。版画とデザインをめぐる論争の契機となる。
- 大阪万博のための視察で、二度目の渡米。トム・ウェッセルマン、ヘンリー・ミラーらと交流。
- 「ザ・エンド・スタジオ」を及川正道と結成（-72）。
- この頃、テレビや雑誌を通じ、カウンター・カルチャーの「サイケ」「アングラ」「イラスト」「ハレンチ」が混同され、教祖と祭り上げられる。

1969
- TBSテレビドラマ「新・平四郎危機一発」にレギュラー出演。
- 個展（東京画廊）。写真を色指定でアクリルフィルムに焼き付けた作品を発表。
- 『第6回パリ青年ビエンナーレ』展版画部門で《責場》がグランプリを受賞。
- 2枚組LPレコードアルバム「一柳慧作曲オペラ横尾忠則を歌う。」発売。世界初のカラーレコード。
- ジョン・レノンとオノ・ヨーコ夫妻が呼びかけて世界主要都市で開催された「愛と平和のクリスマスコンサート」（日比谷野外音楽堂）に出演。

Public Collection

Overseas
Art Sonje Center, Seoul
IDEAS Students Committee, Australia
Stedelijk Museum, Amsterdam
The Library of Congress, Washington D.C.
The Israel Museum, Jerusalem
International Hokusai Research Center, Milano
Museum Moderner Kunst Stiftung Ludwig Wien
Victoria and Albert Museum, London
Poster Museum at Wilanów, Warsaw
Walker Art Center, Minneapolis
Uffizi Gallery, Firenze
M+, Hong Kong
National Museum Cardiff
Carnegie Mellon University, Pittsburgh
Library and Archives Canada, Ottawa
College of Fine Art, University of California, Los Angeles
Fondation Cartier pour l'art contemporain, Paris
National Museum of Contemporary Art, Seoul
Queensland Art Gallery, Brisbane
Cooper Hewitt, Smithsonian Design Museum, New York
The Japan Foundation, Seoul
The Japan Foundation, Toronto
Kookmin University, Seoul
Colorado State University, Fort Collins
Santa Barbara Museum of Art
Santa Rosa Junior College Art Gallery
San Francisco Museum of Modern Art
The Museum of Modern Art, Genova
The Chicago Athenaeum
Moderna Museet, Stockholm
Museo Nacional Centro de Arte Reina Sofía, Madrid
The British Museum, London
Museo Dantesco, Rome
Museum für Gestaltung, Zürich
Tate, London
Royal Danish Academy of Fine Arts, Schools of Architecture, Design and Conservation, Copenhagen
Designmuseum Danmark, Copenhagen
Trama Visual Archives, Mexico City
The Museum of Modern Art, New York
Ningbo Museum of Art
The Haggerty Museum of Art, Milwaukee
Musée des Arts Décoratifs, Paris
Museum für Kunst und Gewerbe, Hamburg
Pinakothek der Moderne, Munich
Museum of Fine Arts, Houston
La Fucina degli Angeli, Venezia
Bradford Museums and Galleries, West Yorkshire
Fonds national d'art contemporain, France
Chaumont City, France
Brandenburg Art Collections of Cottbus
The Frederick R. Weisman Foundation, Los Angeles
J. Paul Getty Museum, Los Angeles
Poster House, New York
Museum of Fine Arts, Boston
National Museum in Poznan
Centre Pompidou, Paris
The Metropolitan Museum of Art, New York
Moravian Gallery, Brno
Galéria Jána Koniarka, Trnava
The Lahti Art Museum
Museum moderner Kunst Stiftung Ludwig Wien
Los Angeles County Museum of Art
Long Museum, Shanghai

Domestic
Aichi Prefectural Museum of Art
Aomori Museum of Art
Notojima Glass Art Museum
Ishikawa Prefectural Museum of Art
The Museum of Modern Art, Ibaraki
Iwaki City Art Museum
Iwate Museum of Art
Printing Museum, Tokyo
Equine Museum of Japan
Oita Prefectural Art Museum
Okawa Museum of Art
Nakanoshima Museum of Art, Osaka
Enokojima Art, Culture and Creative Center, Osaka Prefecture
Otemae Art Centre
Ohara Museum of Art, Kurashiki
The World Children's Art Museum in Okazaki
The Okayama Prefectural Museum of Art
Museum Haus Kasuya
The Museum of Modern Art, Kamakura & Hayama
21st Century Museum of Contemporary Art, Kanazawa
Taro Okamoto Museum of Art, Kawasaki
Kawasaki City Museum
Kanda Nissho Memorial Museum of Art
Museum of Kyushu Sangyo University
Museum and Archives, Kyoto Institute of Technology
The National Museum of Modern Art, Kyoto
Kyoto City KYOCERA Museum of Art
Institute for Research in Humanities, Kyoto University
Kuki City
Kumamoto Prefectural Museum of Art
Contemporary Art Museum, Kumamoto
Keio University Art Center
Foundation Arc-en-Ciel / Hara Museum Collection
The Museum of Art, Kochi
National Film Archive of Japan, Tokyo
The National Museum of Art, Osaka
National Diet Library
The National Noh Theatre
The Gotoh Museum
Kyoto Saga University of Arts Museum
Suntory Poster Collection (Deposited in Nakanoshima Museum of Art, Osaka)
Shimane Art Museum
Shimonoseki City Art Museum
The Library of Living
Sezon Museum of Modern Art
Setagaya Art Museum
Setagaya Literary Museum
Takamatsu City Museum of Art
Takushoku University Library
Tama Art University Library, Shuzo Takiguchi Archives
Tama Art University Museum
DNP Archives of Graphic Design
The University Art Museum, Tokyo University of the Arts
The National Museum of Modern Art, Tokyo
Tokyo Station Gallery
Museum of Contemporary Art Tokyo
Tokyo Photographic Art Museum
The Tokushima Modern Art Museum
Tokushima Prefectural Museum of Literature and Calligraphy
Tochigi Prefectural Museum of Fine Arts
Toyama Prefectural Museum of Art and Design
Toyama City
Nishiwaki Earth Science Museum, Terra Dome
Nishiwaki City
Nishiwaki Okanoyama Museum of Art
Ninohe City
Ogaki Poster Museum, Japan
Hakone Town Social Education Centre
Hikawa Shrine
The Himeji Chamber of Commerce and Industry
Himeji City Museum of Art
Hyogo House
Hyogo Prefectural Library
Hyogo Prefectural Museum of Art
Hirano Museum of Art
Hiroshima City Museum of Contemporary Art
Fukuoka Art Museum
Fukushima Prefectural Museum of Art
Fukutake Foundation
Fukuyama Museum of Art
Fujisawa City
Nonprofit Organization Laboratory Butoh Japan
Hokkaido Obihiro Museum of Art
Hokkaido Museum of Modern Art
Hori Art Museum
Machida City Museum of Graphic Arts
Shuji Terayama Museum
Mishima Yukio Literary Museum
Mitaka City
The Miyagi Museum of Art
Musashino Art University Museum & Library
Yamanakako Museum
Yokoo Tadanori Museum of Contemporary Art
Yokohama Museum of Art
Yonago City Museum of Art
The Museum of Modern Art, Wakayama
The Tsubouchi Memorial Theatre Museum, Waseda University

パブリック・コレクション

海外
アート・ソンジェ・センター［ソウル］
アイディア・スチューデント・コミッティー
　［オーストラリア］
アムステルダム市立美術館
アメリカ合衆国国会図書館［ワシントンD.C.］
イスラエル美術館［エルサレム］
インターナショナル北斎研究センター［ミラノ］
ウィーン近代美術館
ヴィクトリア＆アルバート美術館［ロンドン］
ヴィラヌフ・ポスター美術館［ワルシャワ］
ウォーカー・アート・センター［ミネアポリス］
ウフィツィ美術館［フィレンツェ］
M+［香港］
カーディフ国立博物館
カーネギー・メロン大学［ピッツバーグ］
カナダ国立図書館・公文書館［オタワ］
カリフォルニア州立大学芸術学部［ロサンゼルス］
カルティエ現代美術財団［パリ］
韓国国立現代美術館［ソウル］
クイーンズランド・アート・ギャラリー［ブリスベン］
クーパー・ヒューイット・スミソニアン・デザイン
　博物館［ニューヨーク］
国際交流基金ソウル日本文化センター
国際交流基金トロント日本文化センター
国民大学［ソウル］
コロラド州立大学［フォートコリンズ］
サンタ・バーバラ美術館
サンタ・ローザ短期大学アート・ギャラリー
サンフランシスコ近代美術館
ジェノヴァ近代美術館
シカゴ図書館
ストックホルム近代美術館
ソフィア王妃芸術センター［マドリード］
大英博物館［ロンドン］
ダンテ博物館［ローマ］
チューリッヒ造形美術館
テート［ロンドン］
デンマーク王立芸術アカデミー建築・デザイン・
　保存修復大学［コペンハーゲン］
デンマーク・デザイン美術館［コペンハーゲン］
トラマ・ヴィジュアル・アーカイブ［メキシコシティ］
ニューヨーク近代美術館
寧波美術館
ハガティー美術館［ミルウォーキー］
パリ装飾美術館
ハンブルク美術工芸博物館
ピナコテーク・デア・モデルネ［ミュンヘン］
ヒューストン美術館
フチーナ・デリ・アンジェリ［ヴェネツィア］
ブラッドフォード美術館・ギャラリー
　［ウェストヨークシャー］
フランス国立現代美術基金
フランス・ショーモン市
ブランデンブルク・アート・コレクション
　［コットブス］
フレデリック・R・ワイズマン美術財団［ロサンゼルス］
J・ポール・ゲッティ美術館［ロサンゼルス］
ポスターハウス［ニューヨーク］

ボストン美術館
ポズナニ国立美術館
ポンピドゥー・センター［パリ］
メトロポリタン美術館［ニューヨーク］
モラヴィア・ギャラリー［ブルノ］
ヤン・コニアレク・ギャラリー［トルナヴァ］
ラハティ美術館
ルードヴィヒ財団近代美術館［ウィーン］
ロサンゼルス・カウンティ美術館
龍美術館［上海］

国内
愛知県美術館
青森県立美術館
石川県能登島ガラス美術館
石川県立美術館
茨城県近代美術館
いわき市立美術館
岩手県立美術館
印刷博物館
馬の博物館
大分県立美術館
大川美術館
大阪中之島美術館準備室
大阪府立江之子島文化芸術創造センター
大手前大学大手前アートセンター
大原美術館
おかざき世界子ども美術博物館
岡山県立美術館
カスヤの森現代美術館
神奈川県立近代美術館
金沢21世紀美術館
川崎市岡本太郎美術館
川崎市市民ミュージアム
神田日勝記念美術館
九州産業大学美術館
京都工芸繊維大学美術工芸資料館
京都国立近代美術館
京都市京セラ美術館
京都大学人文科学研究所
久喜市
熊本県立美術館
熊本市現代美術館
慶應義塾大学アート・センター
公益財団法人アルカンシエール美術財団／
　原美術館コレクション
高知県立美術館
国立映画アーカイブ
国立国際美術館
国立国会図書館
国立能楽堂
五島美術館
嵯峨美術大学附属博物館
サントリーポスターコレクション
　（大阪中之島美術館準備室寄託）
島根県立美術館
下関市立美術館
住まいの図書館
セゾン現代美術館

世田谷美術館
世田谷文学館
高松市美術館
拓殖大学図書館
多摩美術大学図書館瀧口修造文庫
多摩美術大学美術館
DNPグラフィックデザイン・アーカイブ
東京藝術大学大学美術館
東京国立近代美術館
東京ステーションギャラリー
東京都現代美術館
東京都写真美術館
徳島県立近代美術館
徳島県立文学書道館
栃木県立美術館
富山県美術館
富山市
にしわき経緯度地球科学館
西脇市
西脇市岡之山美術館
二戸
日本国際ポスター美術館
箱根町社会教育センター
氷川神社
姫路商工会議所
姫路市立美術館
兵庫県公館
兵庫県立図書館
兵庫県立美術館
平野美術館
広島市現代美術館
福岡市美術館
福島県立美術館
福武財団
ふくやま美術館
藤沢市
舞踏創造資源
北海道立帯広美術館
北海道立近代美術館
堀美術館
町田市立国際版画美術館
三沢市寺山修司記念館
三島由紀夫文学館
三鷹市
宮城県美術館
武蔵野美術大学美術館・図書館
山中湖美術館
横尾忠則現代美術館
横浜美術館
米子市美術館
和歌山県立近代美術館
早稲田大学坪内博士記念演劇博物館

List of Works

A Dark Night's Flashing: From the Red Darkness 107
A Dark Night's Flashing: N City-I 106
A Dark Night's Flashing: N City-II 106
À LA MAISON DE M. CIVEÇAWA (Garumera Shokai) 044
A Lion and Green Moon 065
Amadeus 369 103
Arabian Dream A Desert under the Moon 118
Arabian Dream A・N 118
Artist by Artist 078
Artist in Aokigahara, December 10, 1983 083
A.W. misses M.D. 125
Ballad for the Cut-Off Little Finger 050
Bathhouse 116
Bone 100
Breaking the Seventh Seal - Birth of the Artist 080
Bride 053
"Celebration of Children" Love for Henri Rousseau 064
Chakras II 073
Coincidence of Memories and Reality 028
Conceived Concept 024
Crossing of Soul and Body 109
Day of Sudden Deafness 140
Destiny 102
Diary of a Shinjuku Burglar (Sozosha) 050
Dragon 027
Drooling 052
Edison and Drip 131
Edogawa Rampo 129
Empirical Phenomenon 108
Exoticism 118
Experimental Report 095
Forgotten Windows on the Castle Wall 116
49 Years Later 117
Gilgamesh and MP 136
Hanshan and Shide 2020 142–143
Heavenly Footsteps 102
Homeland 138
It's How to Live 115
Japan-Netherlands Trade Agreement's 350th Anniversary Soiree (Japan-Netherlands Association in Kansai) 036
John Silver (Gekidan Jokyo Gekijo) 046
John Silver Continued (Gekidan Jokyo Gekijo) 046
Jules Verne's Ocean 123
Kawabata Yasunari 1 129
Kinosaki Fantasy 122
Koshimaki-Osen (Gekidan Jokyo Gekijo) 046
Kusanagi No Tsurugi 084
Kyoto Ro-on Concerts, Series A, No. 160 (Kyoto Workers Music Council) 040
Kyoto Ro-on Concerts, Series B, No. 33 (Kyoto Workers Music Council) 041
Kyoto Ro-on Concerts, Series B, No. 47 (Kyoto Workers Music Council) 042
Kyoto Ro-on Concerts, Series B, No. 48 (Kyoto Workers Music Council) 043

Life Baththeater 124
Love Arabesque 119
Love of Death 063
Man Flying into the Star 103
Mary in Furs (Tenjo Sajiki) 049
Memorial Theater 114
Memory in a Dream 029
"Men Playing Football" Love for Henri Rousseau 064
Messengers from New Orleans 093
Mishima Yukio 3 128
Moat Part II 117
Moat Part III 117
Mozart's Brain 102
Musashi and Kojiro (copied from a picture book) 027
My Home Town in Red 113
Napoleon, Across Shambala 092
New York (Poster Originals, New York) 070
No Goal for Life 116
Opera "from the Works of Tadanori Yokoo" by Toshi Ichiyanagi (The END Record) 067
Ordeal by Roses - New Edition (Shueisha) 057
Picasso in the 20 Years 081
Post War 029
Pot in Waterfall 085
Princess Konohana Sakuya's Rebirth 101
Recruiting Members for Tenjo Sajiki (Tenjo Sajiki) 048
Recruiting Students for Tsuya Nakayama Sewing School [Green] (Tsuya Nakayama Sewing School) 036
Red Landscape with Water 103
Red Scream 087
Red Vapor 108
Relation of Cause and Effect between Michelangelo and Hokusai 089
Rest in Peace 086
RK 2 118
Rock and Water 031
Rotating House 137
Shibusawa Tatsuhiko 129
Shimoda Fantasy 112
Shirahama — Sharing Joys and Sorrows for Years 035
Star Kids 025
Swimming in the Sea 117
TADANORI YOKOO 045
Tadanori Yokoo's Diary: 170cm Blues (Shin Shokan) 066
Tanizaki Junichiro 2 129
Tarzan is Coming (Green) 075
Tarzan Saw an Illusion of Mr.Y's Death at Death Island 103
Tears of War 134
Textile Festival (Nishiwaki City) 032
Textiles Pavilion at the Expo '70 (Japan Association for Textiles Pavilion) 069
The Aesthetics of the End 058

The Bat [Red] (Fujiwara Opera Company) 041
The Bat [White] (Fujiwara Opera Company) 041
The First Supper 144
The Kabuki Play, Chinsetsu Yumihari-Zuki (National Theatre) 061
The 2nd Kinki Professional Bicycle Racing (Kinki Cycling Association, Daily Sports) 036
The 3rd Little League Baseball Tournament in Takarazuka City (Takarazuka Sports Association, Takarazuka Board of Education) 036
Torture A 054
Torture B 054
Torture C 055
To the Another World 100
Twelve Kegon Falls 091
Twenty-nine Eyes 097
T+Y Self-portrait 141
Various Recollections 139
Vita Sexualis 033
"Walk in the Forest" Love for Henri Rousseau 064
War Is Over! IF YOU WANT IT. Happy Christmas from John & Yoko 070
Water Circulation 102
Waterfall Installation 090
Weekly Shonen Magazine (Kodan-sha) 068
When the Truth Comes True 092
Woman with Cabbage 131
Woman with Stone 131
Woman with Toad 131
Woman with Toilet Paper 130
Wonderland 074
Word and Image (The Museum of Modern Art, New York) 070
Yuhi Shosetsu (Gekidan Jokyo Gekijo) 046

掲載作品一覧

《Artist in Aokigahara, December 10, 1983》 083
《RK 2》 118
《愛のアラベスク》 119
《赤い叫び》 087
《朱い水蒸気》 108
《赤い故郷》 113
《アマデウス369》 103
《アラビアン・ドリーム A Desert under the Moon》 118
《アラビアン・ドリーム A・N》 118
《À LA MAISON DE M. CIVEÇAWA（ガルメラ商会）》 044
《暗夜光路　赤い闇から》 107
《暗夜光路　N市-Ⅰ》 106
《暗夜光路　N市-Ⅱ》 106
《アンリ・ルソー《子どものお祝い》より》 064
《アンリ・ルソー《フットボールをする人々》より》 064
《アンリ・ルソー《森のなかの散歩》より》 064
《如何に生きるか》 115
《石と女》 131
《一柳慧作曲　オペラ横尾忠則を歌う。（The END Record）》 067
《岩と水》 031
《War Is Over! ジョン＋ヨーコ・レノンのよびかける愛と平和のクリスマス・パーティー》 070
《海を泳ぐ》 117
《運命》 102
《A. W. misses M.D.》 125
《描き忘れた城壁の窓》 116
《エキゾチズム》 118
《エジソンと点滴》 131
《江戸川乱歩》 129
《お堀 part Ⅱ》 117
《お堀 part Ⅲ》 117
《想い出劇場》 114
《想い出と現実の一致》 028
《織物祭（西脇市）》 032
《終りの美学》 058
《回転する家》 137
《画家の自画像》 078
《川端康成1》 129
《寒山拾得2020》 142–143
《城崎幻想》 122
《キャベツの女》 131
《ギルガメッシュとMP》 136
《Kusanagi No Tsurugi》 084
《経験的現象》 108
《毛皮のマリー（天井桟敷）》 049
《原郷》 138
《こうもり［赤］（藤原歌劇団）》 041
《こうもり［白］（藤原歌劇団）》 041
《腰巻お仙（劇団状況劇場）》 046
《木花開耶媛の復活》 101
《最初の晩餐》 144
《坂本スミ子　雪村いづみリサイタル（京都勤労者音楽協議会）》 043
《ジェリー藤尾　渡辺トモ子　アルマンド・オレフィチェとハバナ・キューバン・ボーイズ（京都勤労者音楽協議会）》 041

《実験報告》 095
《死の愛》 063
《死の島でY氏の死の幻想を見たターザン》 103
《澁澤龍彦》 129
《下田幻想》 103
《『週刊少年マガジン』（講談社）表紙》 068
《ジュール・ヴェルヌの海》 123
《受胎された霊感》 024
《ジョン・シルバー（劇団状況劇場）》 046
《白浜――喜びも悲しみも幾歳月》 035
《真実が現実になる時》 092
《新輯版　薔薇刑（集英社）》 057
《新宿泥棒日記（創造社）》 050
《人生にはゴールが無い》 116
《人生浴場》 124
《切断された小指に捧げるバラード》 050
《責場A》 054
《責場B》 054
《責場C》 055
《戦後》 029
《戦争の涙》 134
《銭湯》 116
《続ジョン・シルバー（劇団状況劇場）》 046
《ターザンがやってくる（緑）》 075
《第三回宝塚市少年野球大会（宝塚市体育協会、宝塚市教育委員会）》 036
《第二回近畿プロ自転車ロードレース選手権大会（近畿競輪選手会連合会、デイリースポーツ社）》 036
《滝壺》 085
《滝のインスタレーション》 090
《TADANORI YOKOO》 045
《谷崎潤一郎2》 129
《魂と肉体の交差》 109
《チャクラⅡ》 073
《追憶あれこれ》 139
《T+Y自画像》 141
《天井桟敷・定期会員募集（天井桟敷）》 048
《天の足音》 102
《トイレットペーパーと女》 130
《Twelve Kegon Falls》 091
《通し狂言　椿説弓張月（国立劇場）》 061
《解かれた第七の封印――画家の誕生》 080
《突発性難聴になった日》 140
《外山雄三指揮　大阪フィルハーモニー交響楽団　イヨルク・デームス（京都勤労者音楽協議会）》 040
《中山ツヤ洋裁教室生徒募集［緑］（中山ツヤ洋裁教室）》 036
《ナポレオン、シャンバラ越え之図》 092
《二十九の瞳》 097
《20年目のピカソ》 081
《『日蘭』通商三五〇周年記念の夕べ（関西日蘭協会）》 036
《日本万国博覧会せんい館（日本繊維館協力会）》 069
《ニューオリンズからの使者》 093
《NEW YORK（ポスター・オリジナルズ、ニューヨーク）》 070
《花嫁》 053
《彼岸へ》 100
《ヒキガエルと女》 131

《ペギー葉山リサイタル　春日八郎艶歌を歌う（京都勤労者音楽協議会）》 042
《星の子》 025
《星を翔ける男》 103
《骨》 100
《ミケランジェロと北斎の因果関係》 089
《三島由紀夫3》 128
《水のある赤い風景》 103
《水の回路》 102
《武蔵と小次郎（模写）》 027
《モーツァルトの脳みそ》 102
《安らかに眠れ》 086
《由比正雪（劇団状況劇場）》 046
《夢の中の記憶》 029
《横尾忠則・日記　一米七〇糎のブルース（新書館）》 066
《よだれ》 052
《49年後》 117
《ライオンと緑の月》 065
《龍》 027
《WORD AND IMAGE（ニューヨーク近代美術館）》 070
《Wonderland》 074
《ヰタ・セクスアリス》 033

謝辞

本書の刊行と展覧会「GENKYO 横尾忠則 原郷から幻境へ、そして現況は？」の開催に際しては、作家である横尾忠則氏、およびヨコオズ・サーカスならびにアートプラネット・ワイのスタッフの皆さまに、あらゆる面で惜しみないご助力を頂戴いたしました。心よりお礼申し上げます。

また、下記の美術館・博物館、画廊、企業、ならびに所蔵家の皆さま、関係者各位、さらにここにお名前を記すことを控えさせていただいた数多くの方々からも、貴重なご所蔵作品のご貸与をはじめとして、様々な面で多大なるご協力を賜りました。ここに記して、深い感謝の意を表します。　（敬称略・順不同）

公益財団法人アルカンシエール美術財団／原美術館コレクション
公益財団法人馬事文化財団 馬の博物館
京都国立近代美術館
熊本市現代美術館
国立国際美術館
セゾン現代美術館
世田谷美術館
高松市美術館
豊島横尾館
東京国立近代美術館
東京ステーションギャラリー
徳島県立近代美術館
富山県美術館
姫路市立美術館
兵庫県立美術館
広島市現代美術館
堀美術館
町田市立国際版画美術館
横尾忠則現代美術館
高橋龍太郎コレクション
日本テレビ放送網株式会社
SCAI THE BATHHOUSE
南天子画廊
西村画廊
株式会社新潮社
株式会社筑摩書房

青木康彦
青野和子
池田晶紀
伊藤千晴
井上佳那子
今井智己
今泉浩美
内田真由美
宇野亞喜良
梅村由美
及川道比古
ケイ・オガタ
岡野誠二
尾﨑幸恵
神尾広志
神田真秋
レスリー・キー
久保圭史
倉橋正
黒河内俊
小松陽祐
坂田栄一郎
佐藤照代
篠山紀信
柴崎隆
下長根春樹
白石正美
J. SUZUKI
角南範子
関邦治
泉水秀夫

園山晴巳
田村哲也
津﨑みぎは
永井一正
中島広三
中村勝之
中村眞一
成瀬蔦枝
西村建治
林 優
平岡威一郎
平林恵
堀 誠
三國郁夫
蓑 豊
三宅一生
森山大道
山本淳夫
湯原公浩
吉岡宏敏
若木信吾
和田絹子

本書は左記展覧会の公式図録を兼ねて刊行されました。

[展覧会]
GENKYO 横尾忠則
原郷から幻境へ、そして現況は？

[企画・監修]
南雄介（愛知県美術館館長）

[会期・会場]
愛知県美術館
2021年1月15日［金］―4月11日［日］
主催：
愛知県美術館、メ〜テレ、朝日新聞社
特別協力：
横尾忠則現代美術館、国立国際美術館

東京都現代美術館
2021年7月17日［土］―10月17日［日］
主催：
公益財団法人東京都歴史文化財団
東京都現代美術館、
朝日新聞社、テレビ朝日
特別協力：
横尾忠則現代美術館、国立国際美術館

大分県立美術館
2021年12月4日［土］―
2022年1月23日［日］
主催：
公益財団法人大分県
芸術文化スポーツ振興財団・
大分県立美術館、朝日新聞社
特別協力：
横尾忠則現代美術館、国立国際美術館

[学芸担当]
平瀬礼太（愛知県美術館）
中野悠（愛知県美術館）
藤井亜紀（東京都現代美術館）
楠本愛（東京都現代美術館）
木藤野絵（大分県立美術館）

[制作・運営]
愛知県美術館
東京都現代美術館
大分県立美術館
朝日新聞社
メ〜テレ
テレビ朝日

The present volume is published in conjunction with the following exhibition.

Exhibition:
GENKYO YOKOO TADANORI

Specially cooperated by:
Yokoo Tadanori Museum of Contemporary Art,
The National Museum of Art, Osaka

Curated by:
Yusuke Minami
Director, Aichi Prefectural Museum of Art

Curators in charge:
Reita Hirase
Curator, Aichi Prefectural Museum of Art
Haruka Nakano
Curator, Aichi Prefectural Museum of Art
Aki Fujii
Curator, Museum of Contemporary Art Tokyo
Ai Kusumoto
Curator, Museum of Contemporary Art Tokyo
Noe Kito
Curator, Oita Prefectural Art Museum

Production and organization:
Aichi Prefectural Museum of Art
Museum of Contemporary Art Tokyo
Oita Prefectural Art Museum
The Asahi Shimbun
Nagoya TV
TV Asahi Corporation

Venues:
Aichi Prefectural Museum of Art
January 15–April 11, 2021
Organized by:
Aichi Prefectural Museum of Art,
Nagoya TV, The Asahi Shimbun
Specially cooperated by:
Yokoo Tadanori Museum of Contemporary Art,
The National Museum of Art, Osaka

Museum of Contemporary Art Tokyo
July 17–October 17, 2021
Organized by:
Museum of Contemporary Art Tokyo
operated by Tokyo Metropolitan Foundation for History and Culture,
The Asahi Shimbun,
TV Asahi
Specially cooperated by:
Yokoo Tadanori Museum of Contemporary Art,
The National Museum of Art, Osaka

Oita Prefectural Art Museum
December 4, 2021–January 23, 2022
Organized by:
Oita Prefecture Arts, Culture and Sports Promotion Foundation, Oita Prefectural Art Museum, The Asahi Shimbun

159

GENKYO 横尾忠則 Ⅰ A Visual Story
原郷から幻境へ、そして現況は？

2021年1月5日初版第1刷印刷
2021年1月15日初版第1刷発行

執筆・構成：
南雄介
（愛知県美術館長）

藤井亜紀
（東京都現代美術館学芸員）

アート・ディレクション、デザイン：
白井敬尚（白井敬尚形成事務所）

発行者：
佐藤今朝夫

発行所：
株式会社国書刊行会
東京都板橋区志村1-13-15
〒174-0056
電話：03-5970-7421
ファクシミリ：03-5970-7427
URL: https://www.kokusho.co.jp
E-mail: info@kokusho.co.jp

編集：
清水範之、川上貴

印刷・製本：
凸版印刷株式会社

プリンティング・ディレクション：
富岡隆

写真提供：
本書に掲載した写真（画像）は、以下に記したものを除き、すべて横尾忠則氏および株式会社ヨコオズ・サーカスより提供を受けました。
133頁および137頁：横尾忠則現代美術館提供

作品写真撮影：
上野則宏（114頁と137頁をのぞく）
加藤成文（114頁）

禁無断転載
©TADANORI YOKOO 2021
ISBN978-4-336-07100-2 C0071

本書掲載図版および写真の著作権など諸権利に関連しての問い合わせがある場合は、発行元までご連絡ください。

GENKYO YOKOO TADANORI Ⅰ
A Visual Story

First Edition, First Printing
Printed on January 5, 2021
Published on January 15, 2021

Composition and Texts:
Yusuke Minami
Director, Aichi Prefectural Museum of Art

Aki Fujii
Curator, Museum of Contemporary Art Tokyo

Art Direction & Design:
Yoshihisa Shirai, Shirai Design Studio

Publisher:
Kesao Sato

Published at
Kokushokankokai Inc.
1-13-15 Shimura, Itabashi-ku,
Tokyo JAPAN 174-0056
Telephone: +81-3-5970-7421
Facsimile: +81-3-5970-7427
URL: https://www.kokusho.co.jp
E-mail: info@kokusho.co.jp

Edited by
Noriyuki Shimizu, Takashi Kawakami

Printed and Bound by
Toppan Printing Co., Ltd.

Printing Direction:
Takashi Tomioka

©TADANORI YOKOO 2021
ISBN978-4-336-07100-2 C0071
All Rights Reserved